numérique & Cie

Véronique Kleck

Numérique & Cie

Sociétés en réseaux et gouvernance

Préface de Manuel Castells

Éditions Charles Léopold Mayer
38, rue Saint-Sabin Paris (France)

***Les Éditions Charles Léopold Mayer**, fondées en 1995, ont pour objectif d'aider à l'échange et à la diffusion des idées et des expériences de la Fondation Charles Léopold Mayer pour le progrès de l'Homme (FPH) et de ses partenaires. On trouvera en fin d'ouvrage un descriptif sommaire de cette Fondation, ainsi que les conditions d'acquisition de quelques centaines d'ouvrages et de dossiers édités et coproduits.*

L'auteure

***Véronique Kleck** travaille depuis plus de dix ans sur les enjeux croisés entre société de l'information et démocratie participative. En charge des technologies de l'information et de la communication dans divers cabinets politiques, elle fut cofondatrice de l'association* VECAM *en 1995. Convaincue que le libéralisme économique met à mal la démocratie à l'échelle nationale comme internationale, elle cherche à développer une culture numérique favorisant la participation citoyenne de chacun. Elle a, à ce titre, assumé diverses hautes fonctions dans des instances gouvernementales, politiques ou publiques.*

Contact:
contact@vkleck.org

Les interviews auxquelles cet ouvrage fait référence sont disponibles sur le site des Éditions Charles Léopold Mayer (www.eclm.fr).

Dépôt légal, 4e trimestre 2006
Essai n° DD 158 * ISBN 10: 2-84377-129-3
ISBN 13: 978-2-84377-129-3
Graphisme et mise en page : Madeleine Racimor
Maquette de couverture : Vincent Collin

À *Pierre et Jean*

Remerciements

Ma profonde reconnaissance à Jacques Robin pour cette belle aventure, un grand merci à Michel Sauquet, qui sait comme personne faire naître les histoires, mon amitié à Florence et Manola, mes courageuses relectrices, ma tendresse à ma petite sœur, ma toute première lectrice, mes larmes à V., ma complice…

Et à F. sans qui ce livre ne serait pas né…

« Ce que nos sociétés vivent actuellement n'est pas une crise,
ni économique, ni sociale, ni politique,
ni une troisième révolution industrielle,
c'est une véritable mutation, un changement d'ère,
la naissance d'une nouvelle civilisation. »

Jacques Robin
Déclaration fondatrice de VECAM

Avant-propos

Les réflexions qui suivent sont issues de mes dix ans d'activités au sein de l'association VECAM.

VECAM est née sur un trottoir parisien dans l'esprit d'un visionnaire hors du commun, Jacques Robin. Cette Veille européenne et citoyenne sur les autoroutes de l'information et le multimédia entendait faire comprendre les enjeux politiques et sociaux des technologies de l'information et de la communication. Jacques était alors le fondateur et directeur de la lettre *Transversales Sciences & Culture*[1]. Il était l'âme et le principal agitateur d'un large réseau d'intellectuels, de politiques et de militants. Nous étions en 1994. Les membres de ce réseau, non encore numérique, disposaient d'un lieu unique en son genre : la Maison Grenelle, portail vivant d'une multitude d'associations[2].

Dès 1994, un premier article de Jacques Robin va alerter sur les enjeux sociaux des technologies de l'information et de la communication encore ignorées du plus grand nombre. Cet article appellera à la mobilisation des politiques, des chercheurs

1. Lettre *Transversales Sciences & Culture*, http://grit-transversales.org/

2. Dans cette « maison », outre *Transversales Sciences & Culture* se retrouvaient Europe 99, projet de civilisation, l'Observatoire de la décision publique, le Mouvement de citoyenneté active et la Charte de la citoyenneté, le Centre international Pierre Mendès-France, Globenet, Place Publique, etc.

et des mouvements citoyens, et à une rencontre dans le cadre du premier G7 consacré aux « autoroutes de l'information » qui se tiendrait à Bruxelles en février 1995. Jacques me communiqua son enthousiasme et me fit part de l'urgence à agir ! Nous irions voir la Fondation pour le progrès de l'Homme et son directeur Pierre Calame pour donner à notre projet une dimension internationale. La Fondation allait engager des moyens bien réels dans le projet VECAM et suivre son développement pendant de longues années.

À Bruxelles, Jacques Robin et moi-même avions réuni tout un collectif international de manière à présenter notre « déclaration pour une maîtrise sociale des technologies[3] » à un public de députés européens, de syndicalistes des télécommunications, de militants et de journalistes présents à l'ouverture du G7. Tous les discours des chefs d'État et de gouvernement étaient centrés sur les enjeux économiques et technologiques de ces autoroutes de l'information. Personne ne parlait dans cette enceinte internationale des défis pour la démocratie, l'éducation, la recherche ou la santé… Or, toute l'originalité de notre contribution découlait de cet autre regard reliant science et société. Nos intervenants venaient du Brésil, du Québec, d'Inde et d'Europe et parlaient déjà de ce qu'on appellerait bien plus tard « la fracture numérique ». Cette déclaration, premier texte fondateur de VECAM, donnait la parole aux usagers de ces technologies, du Nord comme du Sud, et allait décider pour de longues années des activités de l'association. La déclaration fondatrice soulignait les chances, comme les risques, que recélait l'usage de ces technologies ; elle appelait à une mobilisation, visant à la maîtrise sociale de ces technologies mises au service de la démocratie participative et de la citoyenneté active. La conférence de presse de Bruxelles révélait la dimension internationale de notre démarche et son inscription dans une mondialisation non maîtrisée.

3. Déclaration et textes fondateurs de VECAM, http://www.vecam.org/article.php3?id_article=326 et annexes.

De retour à Paris, les demandes d'information et de suivi de cette « déclaration VECAM » nous sont parvenues en grand nombre. Jacques Robin a alors sollicité ses amis, Joël de Rosnay, Pierre Levy, Paul Virilio, Pierre Calame, Alain d'Iribarne, Philippe Quéau et bien d'autres, et nous leur avons proposé de créer une veille européenne et citoyenne sur les autoroutes de l'information et le multimédia. VECAM était née ! L'aventure pouvait commencer.

Dix ans plus tard, le rôle de VECAM est toujours « de donner aux citoyens les moyens de s'interroger, de comprendre, de débattre et de s'approprier ces transformations. VECAM cherche à faciliter les usages développés par et pour les associations, les mouvements citoyens ou les individus. Mais davantage que la maîtrise technique des outils numériques, c'est au décryptage politique et social que l'association tente de contribuer[4]. »

Tout au long de ces dix années, des hommes et des femmes sont venus nous rejoindre, soutenir nos convictions et nos combats, orienter nos réflexions, enrichir nos pensées. J'ai souhaité retrouver leurs paroles au cœur de ces quelques pages. J'ai eu avec eux des dialogues informels et amicaux autour du passé et de l'avenir de notre association, mais surtout sur les grandes évolutions de nos sociétés depuis l'irruption de ces technologies dans nos quotidiens et sur celles à venir. Leurs propos rejoignent mes propres convictions : nos vies et nos destins nous appartiennent et les technologies ne sont que des instruments au service de projets politiques. On retrouvera ainsi au fil du texte les regards de Pierre Levy, Alain d'Iribarne, Éric Favey, Pietro Sicuro, Leda Guidi, Joël de Rosnay, Jacques Robin, Pierre Calame, Manuel Castells[5]...

Contrairement à d'autres périodes plus éloignées de notre histoire, nous avons aujourd'hui les moyens, tant intellectuels que

4. Présentation sur le site Internet de l'association, www.vecam.org.
5. L'intégralité des interviews est accessible sur le site des Éditions Charles Léopold Mayer, www.eclm.fr. Cet ouvrage y est également librement téléchargeable.

techniques, de bâtir un monde responsable et solidaire. Les propos de ce livre n'ont d'autre objet que de donner envie de participer à la construction d'un monde tel que nous le rêvons.

Préface

Manuel Castells
Santa Monica, Californie, octobre 2006

Il y a dix ans, Véronique Kleck rassemblait quelques pionniers politiques de la société de l'information autour de la déclaration « Multimédia : les voix d'une maîtrise sociale ». Dès 1995, consciente des risques et des chances portés par ces technologies, elle avait la conviction qu'un contrôle social devait en orienter le développement et elle créait l'association VECAM.

En dix ans, bien des choses ont changé, pour le meilleur comme pour le pire, dans ce qui est devenu notre « société de l'information ». Mais les risques et les promesses de cette société en réseau restent d'une étonnante actualité : domination des logiques marchandes et concentration de l'offre, mais aussi renouveau politique et émergence durable d'un Internet solidaire et citoyen. Bien évidemment d'autres enjeux sont apparus, moins visibles il y a dix ans : propriété intellectuelle, libertés publiques et vague sécuritaire, émergence de ce que j'appelle l'autocommunication de masse autour de l'Internet et de la communication mobile.

Véronique Kleck nous rappelle que les mutations en cours sont sociales aussi bien que technologiques, et que ces deux dimensions entretiennent entre elles des rapports indissolubles. Elle décrit et analyse la fulgurance de l'intrusion des technologies en réseau dans nos pratiques quotidiennes, les changements dans le monde du travail, la progression vers l'économie de l'immatériel, et aborde même cette évolution fondamentale, mais encore méconnue, de la manipulation du vivant et de l'invasion des nanotechnologies.

Face aux défis à relever, ces dix dernières années ont été celles de la mobilisation des mouvements citoyens ; le réseau a grandi, s'est internationalisé, les partenaires se sont multipliés, des rencontres, des projets sont venus concrétiser leurs réflexions et convictions. Et on imagine au fil des pages toutes les énergies, les joies, les déceptions, les rencontres, les succès et les échecs qui ont fait le quotidien de ces réseaux citoyens.

Mais malgré ces actions militantes, les risques identifiés il y a dix ans sont toujours bien réels. Dès lors, le présent ouvrage répond à la nécessité d'alerter et d'éclairer sur les enjeux de la révolution informationnelle. Toujours et encore, il engage à la mobilisation pour construire ensemble un futur commun.

Véronique nous invite à relever la tête de nos écrans pour prendre en compte la dimension politique et culturelle de ce monde en réseaux. Elle nous rappelle que l'Internet n'est pas fait que de technologies, mais que la nouveauté tient en effet aux nouveaux acteurs, aux nouveaux espaces de communication et surtout à une autocommunication de masse. Elle rejoint ici mes réflexions sur l'émergence d'une communication de masse autonome constituant à la fois une révolution technologique et culturelle.

Car le pouvoir, dans toutes les sociétés, a toujours été fondé sur la capacité de contrôle de l'information et de la communication. Ce contrôle passait jusqu'à présent par celui des moyens de communication de masse assuré par les gouvernements ou le monde des affaires, et le plus souvent par une combinaison des deux. Mais cette situation de contrôle étatique ou privatiste est aujourd'hui profondément remise en cause.

On constate un peu partout dans le monde une crise de la légitimité politique liée à l'incapacité des élites à représenter les attentes des citoyens, mais liée également à l'enfermement de la politique formelle dans le monde de la communication médiatique. Le politique dépend de ses rapports aux médias : ce ne sont pas les médias qui ont le pouvoir, mais c'est là que se joue le pouvoir. Et ces médias utilisent un langage extrêmement simplifié, accentuant la personnalisation et le rôle des leaders. Dans cet univers médiatique, la politique consiste à détruire l'autre en détruisant son image, et tous se détruisent les uns les autres dans un monde de miroirs où le contenu de la politique se perd, si bien que les citoyens commencent à chercher d'autres voies d'expression et de représentation. Car la politique médiatique, dans sa version actuelle, peut conduire à une destruction mutuellement assurée. On détruit la légitimité démocratique par la politique du scandale.

Mais des alternatives se construisent petit à petit, et ce livre nous offre des exemples de renouveau du politique tant au niveau local qu'international. Véronique Kleck nous dit que l'alternative est portée par les mouvements de base, le mouvement altermondialiste, par des réseaux de mouvements qui, tous les jours, se renforcent dans leur lutte. On assiste à un bouillonnement de ces réseaux qui ne parviennent pas encore à la formulation d'une politique alternative, mais qui arrivent à quelque chose d'autre. Ils agissent sur les représentations que les gens ont du monde, sur leurs mentalités et leurs valeurs. Et je pense que la véritable bataille, dans toute l'histoire des sociétés, s'est toujours déroulée dans la tête des individus. La victoire réside dans la transformation des valeurs que chacun porte en lui. C'est le cas des grandes révolutions culturelles depuis trente ans, tels que le mouvement des femmes ou le mouvement écologiste. Certes on peut dire que beaucoup de choses, dans la condition féminine, n'ont pas réellement changé. Mais ce qui a changé, c'est la représentation que les femmes ont d'elles-mêmes. Et cela est irréversible. C'est une transformation des mentalités, de la manière de penser et d'être.

La thèse importante de ce livre est que la technologie est avant tout une plateforme pour de nouvelles cultures politiques. Et c'est un argument que nous devons considérer avec la plus grande attention.

Manuel Castells est Professeur de communication, titulaire de la chaire Wallis Annenberg de communication, technologie et société, à l'Annenberg School for Communication, université de Californie du Sud (Los Angeles, Etats-Unis), et directeur du Projecte Internet Catalunya à l'Université ouverte de Catalogne (Barcelone, Espagne).

Introduction

Nos sociétés n'ont jamais été aussi riches. Elles n'ont jamais produit autant de biens ou de services. Et pourtant, au Nord comme au Sud, la pauvreté gagne tous les jours du terrain. Sans misérabilisme ou alarmisme, regardons le monde tel qu'il est : pour la grande majorité des six milliards d'individus qui peuplent notre planète, notre monde ne tourne pas rond.

La bonne nouvelle, c'est que nous savons pourquoi nous en sommes là. La mauvaise, c'est que nous ne voulons pas l'admettre ni surtout changer quoi que ce soit.

Les technologies actuelles permettent de produire toujours plus avec toujours moins de labeur humain. Progressivement, les machines remplacent les hommes. Dès lors nos sociétés connaissent un chômage incompressible qui, sur le long terme, engendre inégalités sociales, exclusion et pauvreté. La réponse politique à cette situation dramatique est de produire encore plus, pour créer des emplois et relancer la consommation, et donc la production. Mais le « produire plus » n'est économiquement rationnel aujourd'hui que si les machines remplacent l'homme.

Ces logiques économiques sont inadaptées au nouveau monde émergent. Le politique en a perdu le contrôle et semble avoir démissionné au profit du marché. Nous avons cru que des recettes économiques allaient nous sortir de cette « crise ». Mais il ne s'agit pas de crise, économique ou de toute autre nature ! Il s'agit d'un changement complet de paradigmes, d'un changement d'ère sous l'effet d'une révolution technologique sans précédent. Cette révolution technologique est en cours et transforme déjà le quotidien de la plupart d'entre nous. Et seul un retour du primat du politique sur l'économique permettra l'édification de sociétés numériques solidaires.

Notre monde pourrait aller mieux si nous travaillions à une réelle maîtrise sociale de ces technologies, au service de tous les hommes et non de quelques-uns. Car ces mêmes technologies, qui excluent l'homme du travail, peuvent lui permettre de devenir un citoyen actif définissant les priorités et les règles de la collectivité dans laquelle il vit. Ce n'est que par cette appropriation des réseaux, des outils numériques et surtout d'une culture nouvelle que nous assisterons au retour du politique.

Il nous faut, dans un premier temps, comprendre cette révolution en cours. Nous devons identifier clairement ce que ces technologies peuvent apporter comme changements, comme bouleversements dans nos vies et dans notre monde. On sait que ces bouleversements touchent autant nos modes de vie que nos cultures ; ils sont réels et irréels, immédiats et lointains, perceptibles et invisibles, positifs et négatifs… (I)

Il nous faut surtout saisir ce que ces nouveaux outils apportent comme nouvelles possibilités à l'exercice du pouvoir politique ; quels sont ces outils, comment les utiliser et comment en créer de nouveaux qui permettent de renforcer la qualité du débat démocratique, l'expression citoyenne, pour parvenir à des sociétés justes et heureuses (II).

Première partie

Le changement d'ère

Informer [du latin informare*] : façonner, former*

Lorsque l'homme a peur, il ferme les yeux... Et dans la révolution en cours, il se refuse à voir que le monde change sous ses yeux.

Il craint ce qu'il ne connaît pas et, à sa défense, l'ampleur de cette révolution de l'information ne rend pas sa perception aisée. Il a toujours été très difficile pour la pensée humaine de suivre les innovations et surtout d'anticiper leur impact social tout en saisissant leur sens. D'autant que notre culture technique est si limitée qu'elle ne nous aide pas à mieux appréhender et maîtriser les technologies émergentes.

La croyance dans le progrès scientifique est remise en cause. S'il arrive au progrès de bénéficier encore d'un *a priori* positif, la capacité des hommes à l'utiliser au bénéfice du plus grand nombre est largement contestée. Les hommes perçoivent avec inquiétude les incertitudes réelles de certaines applications telles que les manipulations génétiques. Or la peur est mauvaise conseillère. Certes, la complexité croissante de notre monde ne facilite pas notre compréhension, mais nous sommes bien face à une informatisation généralisée de la société, et non face à une simple automatisation. Nous n'entrevoyons que la partie émergée de cet iceberg; ce que nous distinguons mal est bien plus impressionnant encore. Nous connaissons une transformation culturelle et sociale d'une ampleur inouïe qui, en remettant en cause le travail comme vecteur de lien social, produit de l'exclusion et creuse les inégalités. Que dire alors de la révolution à venir : celle de la fabrication du vivant ? Ces bouleversements soulèvent des défis considérables pour nos sociétés mondialisées.

1.
Changer de regard

Devant la nouveauté technique et technologique, l'homme oscille entre deux attitudes : effroi et désir !

La science inspire une méfiance « naturelle », qui engendre un réflexe de protection systématique face aux changements qu'elle peut induire. Les exemples dans l'histoire ne manquent pas : chaque fois que l'homme a démontré sa maîtrise des *éléments naturels*, on a vu se déchaîner des imprécations obscurantistes ou s'exprimer de profonds scepticismes (de la maîtrise du feu à celle de l'atome). La révolution de l'information que nous connaissons aujourd'hui n'échappe pas à la règle, car elle permet de franchir une étape supplémentaire : la maîtrise de la matière vivante. Il est donc fondamental de connaître nos peurs, d'identifier nos réticences et de les maîtriser si l'on veut, par la suite, participer à l'orientation qui sera donnée aux usages de ces technologies.

Révolution ou simple évolution

Contrairement à d'autres innovations technologiques telles que la roue, le train ou l'électricité, la nouveauté tient ici à la vitesse de pénétration sociale du changement. Mais plus encore que sa vitesse, c'est son ampleur qui nous est difficilement perceptible.

Tout va beaucoup plus vite ! Et ceci sous la pression d'une « technoscience » toujours plus puissante face à la science. Ces technosciences sont portées par des industries mondialisées qui accélèrent sans cesse le passage des nouvelles connaissances en objets usuels. Trop souvent, cette création d'objets et cette nouveauté sans cesse renouvelée induisent la méfiance.

Ces technologies sont toujours plus nombreuses, plus présentes et surtout plus accessibles à la majorité d'entre nous. C'est le cas des ordinateurs, des téléphones, des appareils photo et caméras, des lecteurs de disques vidéo, des agendas personnels, etc. qui envahissent nos quotidiens.

Leur coût d'acquisition diminue constamment. Leur facilité d'utilisation s'améliore. Et tout est fait pour accroître les parts de marché de ces nouveaux produits conçus pour s'adapter aux spécificités de communautés d'utilisateurs dont le nombre croît sans cesse.

Enfin, l'information sur les enjeux, bienfaits et méfaits de ce « progrès » et de ces objets « technologiques » atteint un large public. Nos médias informent régulièrement, et de façon plus ou moins sérieuse, sur la vache folle, les OGM ou les potentiels dangers des téléphones portables pour la santé humaine.

Que nous enseigne l'histoire ? Le feu, la roue, la boussole ou la lunette de Galilée sont apparus à des siècles d'écart et se sont propagés lentement. À cela s'ajoutent des innovations inaccessibles à une majorité de la population.

Ainsi, comme le souligne Pierre Levy pour les technologies de l'information et de la communication, « il n'y a jamais eu de système de communication qui se soit développé aussi vite dans l'histoire de l'humanité, à l'échelle mondiale. C'est l'évolution majeure de ces dix dernières années. Si on fait un parallèle avec l'invention de l'imprimerie de Gutenberg, en 1545, il a fallu plus d'un siècle pour que le paysage culturel européen soit véritablement transformé par cette invention. [...] Si on se place à l'échelle de l'évolution des moyens de communication de l'humanité, dix ans ce n'est rien[6] ! »

D'où l'impression de rupture, de révolution, de crise, de fracture... autant de mots qui soulignent une réalité : dans la grande aventure humaine, nous passons d'une période à une autre. Pour reprendre l'expression de Jacques Robin, nous « changeons d'ère[7] », ou celle de Bernard Stiegler, pour qui il s'agit d'un changement de civilisation « comparable à celle du néolithique ». Il est donc assez logique que nous l'appréhendions avec difficulté. Pourtant « les fondements mêmes de la vision du monde se trouvent aujourd'hui bouleversés sous l'effet de nouvelles techniques qui remodèlent notre perception des choses[8] ». Pour Jacques Robin, « nous entrons dans une nouvelle ère de l'évolution de l'Homo sapiens et devons comprendre les trois ères successives de son évolution :

– l'ère de la survie et de l'adaptation, au cours de laquelle l'Homo sapiens survit près de 200 000 ans dans un environnement naturel hostile. Il accède au langage et à la fabrication de

---

6. Selon Pierre Levy (philosophe et historien, titulaire de la chaire en Intelligence Collective de l'université d'Ottawa), il y aura dans les prochaines années une extraordinaire révolution épistémologique dans les sciences humaines et dans les sciences sociales comparable à ce qui s'est passé au moment de l'invention de l'imprimerie avec la révolution scientifique qui a suivi. Dans l'entretien qu'il nous a consacré, il parle des adeptes des jeux en réseaux, là où des millions de très jeunes individus, initiés à des réflexes d'intelligence collective dans des univers virtuels, inventent les modes de sociabilité de l'avenir. Voir Interview de Pierre Levy, 5 décembre 2005, www.eclm.fr.

7. Jacques Robin, *Changer d'ère*, Paris, Le Seuil, 1989.

8. Georges Friedmann, *Sept études sur l'homme et la technique*, Denoël-Gonthier, 1966, p. 59, cité sur :
http://www.sosphilo.com/perspective/technique/citations.htm

symboles qui enrichissent et conditionnent sa lecture du monde et de la vie ;

– l'ère de l'énergie, qui débute il y a environ 12000 ans. L'Homo sapiens va disposer de sources d'énergie de plus en plus puissantes qui viennent s'ajouter à la force musculaire : silex taillés, métaux lourds, énergies fossiles, machine à vapeur, moteur à explosion, électricité, énergie nucléaire. L'utilisation de ces sources d'énergie transforme l'environnement, tout comme elle accroît les échanges entre les humains.

– l'ère de l'information. L'humanité y est entrée depuis à peine 50 ans[9] ! »

Cette difficulté à percevoir le changement est alimentée par un brouhaha de discours, d'opinions, de débats, de livres, d'émissions de télévision ou de radio et autres séminaires autour de « l'Internet » et de la « société de l'information » !

Représentations, discours et fantasmes

Ces discours ont des effets considérables sur les comportements et les usages qui sont faits de ces technologies. Ils provoquent chez l'homme des réactions qui sont à la fois cause et effet de sa construction de la réalité. C'est cette perception de la réalité et non la réalité elle-même qui induit les choix et comportements influant sur l'avenir de nos sociétés. En modifiant les

9. Dans l'entretien que nous avons eu avec lui (23 février 2006, www.eclm.fr), Jacques Robin replace la révolution informationnelle dans notre « histoire humaine » depuis l'apparition de l'Homo sapiens et souligne l'urgence d'une prise de conscience des défis à relever. Un projet politique orienté vers des finalités humaines et écologiques est à construire tout en affirmant la volonté de non-puissance. Animateur du Groupe des Dix créé en 1966, Jacques Robin a mis en place le CESTA (Centre d'études des systèmes et des technologies avancées). Il a dirigé la Lettre *Sciences-Culture* du Groupe de réflexion inter et transdisciplinaire (GRIT) avant de coordonner la revue *Transversales Sciences & Culture*.

discours, c'est la perception même de la révolution de l'information qu'on modifie.

Dès les années 1990, les discours publics ou privés portaient cette ambivalence entre crainte et espoir. À la création de VECAM, en 1995, Joël de Rosnay écrivait : « Nous pouvons dire : cette révolution de la communication peut conduire les citoyens à prendre en main la responsabilité des secteurs qui les concernent directement dans leur vie : éducation, accès à l'information, participation démocratique. Une telle affirmation nous place dans la catégorie des optimistes impénitents ou des technophiles irréductibles. Mais nous pourrions également introduire nos propos en ces termes : la révolution de la communication, issue de la convergence de la télévision, du téléphone et de l'ordinateur, est un grand danger pour l'humanité. Danger d'oppression, risque de domination des personnes par le commerce et les marchands ; risque d'oppression par la surveillance continuelle des personnes par les États. Risque de se noyer dans les océans d'information par une sorte de nouvelle pollution qui est en train de se créer et qui va inonder nos cerveaux ; pollution par trop d'information, trop d'information qui tue l'information… Alors serions-nous qualifiés de pessimistes [10]. »

Nous sommes ainsi passés d'une large indifférence, issue d'une complète ignorance du « phénomène Internet », à une subite levée de boucliers des sceptiques de tous bords, pour connaître ensuite un engouement du public puis une nouvelle indifférence née d'une complète intégration du phénomène. Et ceci en moins de dix ans, sous l'influence des discours publics et des nombreux efforts du marché pour parer l'Internet de toutes les qualités !

Comme le souligne Patrice Carre : « Il est vrai que nous avons assisté, à grand renfort de publicité et de manifestations en tous

10. Joël de Rosnay, *Transversales Sciences & Culture*, 1995.

genres (Net Days et autres fêtes de l'Internet), à une véritable mise en scène de l'Internet. Alors que, dans un premier temps, les utilisateurs du réseau restaient une minorité, leurs pratiques faisaient l'objet d'un véritable discours grand public. Si bien qu'Internet a pu être considéré, comme l'a souligné Patrice Flichy, comme une prophétie autoréalisatrice[11]. » Le web était porteur de toutes les promesses, lesquelles allaient se réaliser d'elles-mêmes !

Et cette prophétie des origines est aujourd'hui encore très présente. L'Internet est ainsi le média de la liberté pour tous, de l'égalité pour tous, celui où la propriété est décriée au profit de la gratuité ; l'Internet est aussi le lieu et le moyen de lutte contre tous les pouvoirs et leurs abus, et surtout l'outil d'un véritable renouveau, que nul ne songe à définir. Enfin, « l'Internet est perçu comme un moyen universel d'accéder à une culture, elle aussi universelle, qui ne tient aucun compte du temps propre au processus d'apprentissage ou de la dimension sociale de l'acquisition et de la transmission des savoirs[12]. »

La grande majorité des discours politiques et des sondages confortent aujourd'hui cette vision ultra-optimiste. Le petit « e » placé devant chaque champ d'activité humaine remédie d'office à tout disfonctionnement actuel ou à venir : e-démocratie, e-éducation, e-santé... Le concept de *e-democracy* ou de démocratie électronique porte en lui la fascination de nos sociétés pour des technologies qui seraient à même de guérir tous nos maux. La démocratie, qu'elle soit locale ou globale, est aujourd'hui fragilisée par des logiques économiques libérales acceptées par les politiques. Et aucune technologie,

11. Patrice Carre, « Le téléphone, entre public et privé, ou la mise en scène d'une technique », *Alliage*, n° 50/51, 2002, consultable sur : http://www.tribunes.com/tribune/alliage/50-51/Carre.htm

12. Viviane Serfaty, « De la répulsion à la fascination : l'Internet et les représentations des NTIC », in revue *ASP*, Université de Bordeaux II, n° 27-30, 2000, p. 231-241, consultable sur : http://www.chez.com/vserfaty/imaginaire1.html

« électronique » ou non, ne pourra remédier à elle seule aux méfaits sociaux de ces politiques. Il semble dès lors urgent de lutter contre cette fascination technologique et de remplacer le petit « e » par un « H » majuscule, remettant ces technologies au service de l'humain.

Sous la pression de l'intrusion extrêmement rapide de ces technologies dans nos quotidiens, ces discours, qui encensent le pouvoir de la technique, ont sur la réalité des répercussions certaines, tout particulièrement dans des sociétés aux valeurs vacillantes, qui cherchent leurs repères. La révolution de l'information remet en cause des pouvoirs établis, des métiers, des théories sociales et économiques. Dès lors, elle modifie la vision que nos sociétés ont d'elles-mêmes.

Aussi nos imaginaires doivent-ils se concentrer prioritairement sur les sociétés dans lesquelles nous voulons vivre et non sur une vision en devenir de la technique. Nous devons adopter dans ce contexte des discours réalistes et constructifs. « Que pouvons-nous faire ensemble pour mieux comprendre et utiliser ces technologies ? Pour nous en sortir ensemble, dans le respect des diversités, de la liberté, et développer les ressources humaines plutôt que d'ajouter ces nouveaux produits technologiques aux autres produits non souhaités par la société. Les trois dimensions de la quotidienneté, de la planétarisation et de l'accélération font que nous devons absolument comprendre cette révolution pour mieux la dominer[13]. »

Nous devons comprendre pour agir. Nous n'avons pas d'autre choix.

13. Déclaration et textes fondateurs de VECAM, http://www.vecam.org/article.php3?id_article=326, et annexes.

2.
L'Internet... et sa disparition

Nous sommes envahis par des écrans: dans nos voitures, chez notre pompiste ou notre garagiste, chez notre médecin et notre dentiste, au supermarché, dans les gares, les bibliothèques ou le hall de notre mairie. Une multitude d'écrans dans nos maisons, non seulement la télévision mais aussi le jeu qui distrait notre enfant, la porte de notre frigo, et bien sûr notre ordinateur ou *personal computer*. Et ces écrans migrent sur notre propre corps : téléphones portables, agendas électroniques, montres, lecteurs de musique et vidéo...

Ces écrans, aujourd'hui omniprésents, existaient à peine il y a juste quelques années. Leur nombre croissant semble les rendre invisibles ! Il y en a tant qu'on ne les remarque plus, alors que ces machines tout à la fois géniales et barbares sont devenues indispensables. Pour mesurer cette dualité, il suffit d'effectuer quelques gestes simples qui se passaient autrefois d'écran: acheter un billet de métro ou de bus, payer la cantine, louer un film vidéo.

Cet envahissement brutal devrait nous aider à comprendre ce qui se passe: il ne s'agit pas d'Internet... Il ne s'agit pas d'une simple fenêtre pour envoyer du courrier par un autre moyen plus rapide que la poste ou pour rechercher les horaires des séances de cinéma. Il ne s'agit pas de technique, mais de socialité. Nous ne vivons plus de la même façon, nous ne faisons plus les mêmes gestes, grâce à, ou à cause de, ces technologies. Nous vivons dans un univers technologisé que nous n'avons pas choisi. La pression technologique est telle que nous sommes propulsés sur les réseaux numériques et nous nous y connectons comme nous nous branchions hier sur le réseau électrique. Sous cette pression naît un nouveau mode de représentation du monde, lequel induit peu à peu une autre culture générale.

L'important n'est pas la technologie mais ce que nous en faisons. C'est ce qui fait changer le monde, pour le meilleur et pour le pire.

Mais de quoi parle-t-on ? Lorsque nous parlons d'Internet, nous parlons d'une réalité multiple. Il s'agit certes des machines, les ordinateurs, mais également de toutes sortes de supports de plus en plus mobiles et de plus en plus intégrés. Nous parlons également des tuyaux et autres canaux de transmission qui permettent au « réseau » Internet d'exister et de relier les supports « terminaux » précédents. Enfin, pour la plupart d'entre nous, parler d'Internet, c'est faire référence à ses contenus.

Ces trois éléments (supports, réseaux, contenus) sont les ingrédients de base d'une révolution sociale et culturelle sans précédent.

L'ordinateur omniprésent

L'ordinateur personnel a envahi nos espaces visuels mais aussi les gestes de notre quotidien, de l'achat d'un billet de train à celui de nos denrées alimentaires en passant par la lecture de notre journal.

À l'époque de son apparition, au lendemain de la Seconde Guerre mondiale, personne n'aurait pu imaginer l'extraordinaire essor de cet objet intelligent. C'était avant tout un outil encombrant et cher, destiné aux calculs complexes sans le moindre intérêt pour la plupart d'entre nous[14]. Le marché de l'ordinateur devait rester réservé à quelques professions spécialisées (recherche, défense...).

Cinquante ans plus tard, en 2004, il s'est vendu plus de 200 millions d'ordinateurs dans le monde. Le marché a explosé en France avec des ventes supérieures en volume de 37 % à celles de 2003. C'est le secteur des ordinateurs portables qui enregistre la plus forte croissance avec une augmentation de 61 % nettement supérieure aux prévisions qui étaient d'environ 15 %. Ce phénomène s'explique tant par la baisse du prix des appareils (– 14 %) que par l'extension des connexions haut débit. Autre donnée : ce sont les particuliers qui engendrent cette poussée et non les entreprises[15]. Et à l'échelle mondiale, le phénomène est identique. Celui-ci est particulièrement manifeste dans la zone Europe/Afrique/Moyen-Orient (dit EMEA, Europe, Middle East and Africa) avec ses 20 % de croissance[16].

Début 2004, 45 % des foyers français disposent d'un micro-ordinateur à leur domicile. C'est trois fois plus qu'en 1996. Près d'un adulte sur deux en possède désormais un chez lui. Mais surtout, 69 % des 12-17 ans en ont un à la maison. Au total, 93 % d'entre eux peuvent être considérés comme « familiarisés » avec l'ordinateur, c'est-à-dire qu'ils en disposent à domicile ou l'utilisent au collège ou au lycée[17].

14. Armand Mattelart et Michèle Mattelart, *Histoire des théories de la communication*, Paris, La Découverte, 2002. Voir également sur Wikipedia, http://fr.wikipedia.org/wiki/Internet

15. http://www.clubic.com/actualite-13184-hausse-exceptionnelle-des-ventes-d-ordinateurs.html

16. http://www.pcinpact.com/actu/news/Ventes_dordinateurs_en_zone_EMEA_Acer_et_Apple_au_.htm

17. La diffusion des technologies dans la société française, Étude du CREDOC, 2003, consultable sur http://www.art-telecom.fr/communiques/communiques/2003/index-c121103.htm

Quant à la connexion à Internet, sa progression a été très soutenue au cours des cinq dernières années : en 2004, 31 % des ménages français ont accès à l'Internet, cinq fois plus qu'en 1999. Ainsi, aujourd'hui 55 % de la population française dispose d'un micro-ordinateur à la maison et 37 % d'une connexion Internet[18].

On retrouve la même croissance, rapide et continue, des ventes d'ordinateurs comme des taux de connexion dans tous les pays aux économies dites développées (Europe, USA, Japon). Mais dans le reste du monde, c'est-à-dire la majorité des pays, les chiffres sont loin d'être identiques ! Des disparités énormes apparaissent tant entre les pays aux économies dites développées et les pays en voie de développement qu'entre les différents pays de ce dernier groupe. Ainsi, en Afrique, la Namibie, avec ses deux millions d'habitants, comptait 45 000 internautes en 2004, alors que le Congo, avec 56 millions d'habitants, en comptait 6 000[19] ! Ces disparités entre sociétés ont et auront des répercussions politiques majeures dans les relations internationales.

Pour mieux comprendre encore que la « révolution culturelle » ne fait que commencer, rappelons un des phénomènes récents des plus intéressants : l'irruption de la Chine dans cette « société de l'information » mondiale. Le CNIC (China Internet Network Information) annonce dans son rapport du 26 juillet 2005 que les utilisateurs chinois de l'Internet sont passés de 22,5 millions en 2000 à 103 millions aujourd'hui – soit un taux de pénétration de la population de 7,9 %[20]. Un bond en avant de 80 millions d'internautes en quatre ans ! Ce qui nous semble essentiel ici, c'est la vitesse prodigieuse de développement tant de l'équipement que de la connexion. Le taux de

18. La France en faits et chiffres, INSEE, http://www.insee.fr/fr/ffc/chifcle_fiche.asp?ref_id=NATSOS05118&tab_id=431
19. Annuaire des chiffres clés de la société de l'information, http://www.journaldunet.com/chiffres-cles.shtml
20. http://marieke-en-chine.over-blog.com/article-1000256.html

croissance du nombre d'internautes entre 2000 et 2005 était de + 112 % pour les États-Unis et de + 357 % pour la Chine[21]. En juillet 2005, en nombre d'internautes, la Chine arrivait au deuxième rang mondial derrière les États-Unis et devant le Japon !

D'autres pays, tels que l'Inde ou le Brésil, prennent le même chemin. Ce qui signifie que l'anglais cessera d'être la langue la plus utilisée sur le net, que les contenus diversifiés remettront en cause la suprématie américaine, que de nouveaux rapports de force verront le jour. À titre d'exemple, le Brésil défend les licences et logiciels libres, et l'Inde, la promotion des médicaments génériques. Quant à la Chine, elle développe les usages du net pour la surveillance des personnes ! De nouveaux rapports de force se dessinent sous nos yeux.

Cette pénétration de l'ordinateur dans nos quotidiens, d'une rapidité fulgurante, a d'autant plus de poids qu'elle est relayée par une invasion de supports numériques divers et toujours plus nombreux, plus petits, plus mobiles et moins chers, qui tous permettent la connexion aux réseaux numériques. Si l'accès à l'Internet via un téléphone mobile n'a pas encore « explosé », tous les spécialistes s'accordent à penser que ce n'est qu'une question de mois[22]. Nous aurons tout prochainement accès aux réseaux numériques via notre télévision, notre téléphone portable, nos voitures, nos appareils ménagers, nos agendas électroniques et bientôt par le biais de nos vêtements ou de notre corps lui-même.

---

21. http://www.journaldunet.com/diaporama/0509tourdumonde/02top12-pays.shtml
22. La diffusion des technologies dans la société française, Étude du CREDOC, *op. cit.*

La disparition de l'Internet

La connexion à l'Internet devient possible tout le temps et partout. Cette connexion sera volontaire ou involontaire, car nous serons connectés avec ou sans notre consentement.

La communication et l'accès aux réseaux furent longtemps symbolisés par le modem à haute vitesse. Aujourd'hui, le haut débit se répand et la révolution essentielle vient du sans fil.

Nous sommes passés très rapidement de l'ADSL (puis à l'ADSL2 et au RE-ADSL) au Wi-Fi. L'ADSL est une technologie de communication haut débit permettant d'utiliser les lignes téléphoniques existantes. Le Wi-Fi est la contraction de deux mots anglais, *wireless* (sans fil) et *fidelity* (fidélité). C'est une technologie de connexion sans fil qui permet à des appareils de communiquer par les ondes radio. Le Wi-Fi est déjà en train d'évoluer vers le WiBro, contraction de *Wireless Broadband* (haut débit sans fil)[23]. Autre mode de connexion haut débit sans fil, le Wimax (*Worldwide Interoperability for Microwave Access*), basé également sur de la transmission radio, présente une capacité de diffusion sur un territoire très étendu (portée d'une dizaine de kilomètres en zones rurales). Cette caractéristique répond clairement aux besoins des populations vivant dans des zones non couvertes car jugées non rentables. En fonction des choix politiques qui seront faits, cette évolution du haut débit partout et du sans fil accentuera ou réduira les distorsions entre les développements économiques et culturels des territoires à l'échelle de la planète.

Ce monde sans fil nous projette dans un monde à l'Internet invisible mais omniprésent, tel l'air que nous respirons. Au MIT (Massachusetts Institute of Technology), le projet Oxygen reprend exactement cette métaphore de l'air et entend permettre la communication la plus large possible grâce à des

23. Sur les caractéristiques techniques des modes de connexion, un excellent site pédagogique, http://wimax.free.fr/

connexions haut débit permanentes au bénéfice de réels besoins humains[24].

En France, Ozone est le premier opérateur de réseau et de services pervasifs. Un réseau pervasif est un réseau disséminé et illimité permettant la connexion immédiate et en n'importe quel lieu. Depuis septembre 2003, Ozone déploie à Paris le réseau OzoneParis, un réseau métropolitain sans fil pour une couverture totale de la capitale en Wi-Fi[25].

Joël de Rosnay fut l'un des premiers à révéler comment ces environnements symbiotiques avec l'homme – appelés aujourd'hui *pervasive computing* ou informatique disséminée – allaient jouer un rôle de plus en plus important dans tous les aspects de l'activité humaine[26] : « Nous sommes en train de sortir de notre communication biomécanique avec les machines (volants, pédales, boutons, interrupteurs, souris, claviers, télécommandes). Nous passons à une relation bioélectronique et même biotique avec les machines. Nous entrons en relation directement avec nos propres corps, nos vêtements, des capteurs de nos bruits, de nos gestes, de nos odeurs. Et cela va modifier toute notre organisation sociale ! Les environnements intelligents commencent aujourd'hui à se glisser dans nos vies par le commerce. Les puces RFID (Radio Frequency Identification Device) se répandent partout et les objets deviennent intelligents. C'est ce que Nicolas Negroponte a appelé un "Internet of things". C'est ainsi que la pyramide de l'Internet va devenir en 2010 : 3 milliards d'individus connectés, 60 milliards d'objets connectés, 550 milliards de puces ! tous communiquant entre eux. Tout aura une puce, tout sera tagué pour le meilleur et pour le pire[27] ! »

---

24. "*Bringing abundant computation and communication, as pervasive and free as air, naturally into people's lives*", http://www.oxygen.lcs.mit.edu/

25. http://www.ozone.net

26. Joël de Rosnay, *L'homme symbiotique, regard sur le troisième millénaire*, Paris, Le Seuil, 1995.

27. Dans cette interview (19 décembre 2005, www.eclm.fr), Joël de Rosnay

La multiplication des supports, mais également des modes de connexion, associée à la miniaturisation des composantes conduisent à la disparition de l'Internet en tant qu'objet et contenu spécifiques. C'est le point de vue présenté dans une excellente étude de prospective de la FING, la Fondation Internet nouvelle génération. « Petit à petit, la situation s'inverse : la connexion devient la règle, la déconnexion l'exception : on allait au puits, on nage dans la rivière. Il devient naturel qu'un appareil électronique (ordinateur, console de jeu, assistant personnel, téléphone mobile, téléviseur, chaîne hi-fi...) se connecte à l'Internet et au réseau local dès sa mise sous tension. Dans un second temps, il en ira de même de l'électroménager, des alarmes, de la climatisation, de l'éclairage et, dans les entreprises, des machines-outils, véhicules, palettes, machines à affranchir et distributeurs de boissons. Qu'elle emprunte des câbles spécialisés, le fil électrique, celui du téléphone, ou bien la voie des airs, la connexion en réseau, d'un objet à l'autre et de tous les objets à l'Internet, devient naturelle en tout lieu, à tout moment. Et son débit croît jusqu'à un stade où il ne contraint plus les usages. C'est ainsi que l'Internet "disparaît" : ramené à son statut d'infrastructure au même titre que le réseau électrique, considéré comme un acquis, il se fait oublier[28]. »

---

développe les conséquences du mariage entre infotechnologies, biotechnologies et écotechnologies. Il nous présente les enjeux de la biologie synthétique et de la biologie systémique, et ceux du passage d'un Internet, média de diffusion à un Internet, média d'interaction. Joël de Rosnay est président exécutif de Biotics International et conseiller du président de la Cité des sciences et de l'industrie de la Villette. Ancien chercheur et enseignant au Massachusetts Institute of Technology (MIT, Cambridge), il affectionne particulièrement le partage du savoir « pour faire aimer le futur et mieux le construire ensemble, de manière solidaire et responsable, plutôt que de le subir ».

28. ProspecTIC 2010, 2.1 – Le réseau omniprésent : la disparition de l'Internet ? Étude de la Fondation Internet nouvelle génération, 8 novembre 2005,
http://www.fing.org/jsp/fiche_actualite.jsp?STNAV=&RUBNAV=&CODE=1131094892061&LANGUE=0&RH=ProspecTIC

Comprend-on ce qu'induit cette « disparition de l'Internet » ? Cet Internet invisible omniprésent va transformer l'acte de « se connecter » à l'état d'« être connecté ». Les êtres humains vont devenir les éléments connectés d'un flux permanent.

D'où l'importance d'être ou non dans le flux, des conséquences pour ceux qui en seront exclus et de la liberté laissée à l'utilisateur. Mais serons-nous encore des utilisateurs ou de simples terminaux, relais de transmission ? Parviendrons-nous à nous isoler et à protéger notre intimité en sachant rester invisibles, en modifiant notre identité ou notre localisation ?

Autant de questions qui ne seront posées et ne trouveront de réponses que par une mobilisation politique des usagers alertés.

Cette mobilisation politique passe par une appropriation sociale des réseaux. Car ce qui fait avant tout la révolution Internet, c'est son contenu multimédia et encore plus les modalités de production et de diffusion de ce contenu.

La grande transformation du contenu

Nous trouvons sur Internet le meilleur comme le pire à l'image de toute la diversité qui fait la richesse de nos sociétés. Internet est un réseau ouvert où chacun peut s'exprimer. Y cohabitent donc logiquement les prix Nobel et les organisations mafieuses, les poètes et les pédophiles, les philosophes et les réseaux de trafic d'organes humains, les musiciens et les terroristes…

À l'image de la société tout entière, il ne s'agit pas de juger ce qui doit être en ligne. Cela serait aussi difficile et absurde que de bâillonner tous ceux qui souhaiteraient s'exprimer et communiquer. En revanche, face aux déviances et dangers que peuvent représenter certains contenus et usages du réseau, la société adapte ses lois pour assurer, sur le net comme ailleurs, la protection des individus.

Car personne ne contrôle l'Internet. Certes les États, dictatures comme démocraties, peuvent empêcher l'accès ou la diffusion de certaines informations. Il est vrai également que la question du contrôle par les États-Unis et plus largement de la gouvernance de l'Internet est au cœur des négociations entre les États[29]. Mais comme l'affirme Sihem Bensedrine, journaliste tunisienne victime de la répression active en Tunisie : « Ils ne peuvent fermer le ciel ! »

Cette volonté de contrôle très réelle demeure difficile à traduire dans les faits. D'autant plus qu'elle est fortement contrée par les défenseurs de la liberté d'expression, tels que, par exemple, Reporters sans frontières[30]. De même, plus le nombre de connectés augmente, plus les usages et les contenus se diversifient. Mais surtout, les modalités de production et de diffusion des contenus provoquent des ruptures jusqu'ici insoupçonnées[31].

Les usages de l'Internet et des outils numériques donnent la priorité à la communication et à l'échange. Bien sûr le net sert également à s'informer, à vendre et à diffuser. Mais pour la majorité des utilisateurs, il sert prioritairement à communiquer. L'usage premier, c'est le courrier électronique, à la maison comme au travail, suivi de très près par la messagerie instantanée, chat et SMS.

29. Il faut savoir qu'il existe treize serveurs racines dans le monde par lesquels transite toute l'information circulant sur Internet. Dix d'entre eux sont aux États-Unis et gérés par des entreprises américaines – http://www.infoguerre.com/article.php?sid=955
30. *Guide du blogger et du cyberdissident*, 2006,
http://www.rsf.org/rubrique.php3?id_rubrique=527
31. ProspecTIC 2010, 2.5 – La grande transformation du contenu, Étude de la FING, 21 novembre 2005,
http://www.fing.org/jsp/fiche_actualite.jsp?STNAV=&RUBNAV=&CODE=1132250678930&LANGUE=0&RH=ProspecTIC

Et tous les supports numériques mobiles ne font qu'accentuer cette primauté de la communication et de l'échange sur d'autres usages tels que l'information, les jeux ou le commerce en ligne.

Par ces pratiques d'échange, de nouveaux usages se développent. Car « si les laboratoires d'informatique ou de télécommunication sont au cœur de l'essor des innovations technologiques, les échanges entre personnes sont un élément essentiel du développement des usages. Les applications majeures de l'ère numérique, telles que mél, web, chat, pair à pair, blogs… ont été inventées et plébiscitées au sein de communautés d'usagers[32]. »

Outre ce développement de la communication – qui malheureusement n'est pas synonyme de meilleure compréhension entre les hommes – les internautes produisent de plus en plus de contenus sur les réseaux. C'est ce qu'on appelle les contenus « autoproduits ». Des textes et publications, des journaux, mais également des photos, des films, des vidéos sont mis en ligne par un nombre croissant de particuliers. Les outils autrefois réservés aux seuls professionnels sont mis à la disposition du plus grand nombre[33]. Ainsi, mis à part le talent, le savoir-faire et l'expérience qui ne s'acquièrent naturellement pas sur le net, chacun a les moyens de devenir potentiellement éditeur, musicien, journaliste ou réalisateur.

Cette facilité de production entraîne une diversité des sources de production. D'autant plus importante qu'elles s'affranchissent des contraintes spatiales ou temporelles. Et ce phénomène bouleverse certaines pratiques professionnelles. C'est le cas des journalistes, par exemple, qui voient leurs articles contestés ou complétés, souvent par des sources mieux informées

32. Michel Briand, « Expression citoyenne », *in Enjeux de mots, regards multiculturels sur les sociétés de l'information*, Caen, C & F Éditions, 2005, consultable sur http://www.vecam.org/article.php3?id_article=580&nemo=edm
33. In Libro Veritas, site d'édition libre en ligne, http://www.inlibroveritas .net/

qu'eux-mêmes. Un des premiers exemples de ce recours à des « citoyens blogueurs » par les journalistes remonte au *blackout* de New York en 2003. Aujourd'hui, le journalisme participatif devient plus courant et le journal citoyen précurseur *Ohmynews*[34] a fait de nombreux adeptes[35]. Mais cette remise en cause d'un savoir unique et professionnel touche également les professeurs d'université et leurs cours, les médecins et leur diagnostic, le chef d'entreprise dans la présentation des résultats d'activité, les élus dans la mise en œuvre de leur politique ou dans leur analyse d'une situation donnée.

À cette multiplication des sources d'information s'ajoutent des formes de diffusion multiples, du papier à la vidéo en passant par le blog ou le téléphone mobile. Diffusion d'autant plus importante que la reproduction ou la copie d'une information numérique est immédiate et gratuite. « Journaux, tracts, affiches, radios, discours, théâtre, poèmes, musique, télévision, cinéma, vidéos : les formes d'expression et les médias sont aussi variés que les moyens de communication. Il en va de même des types d'expression : individuelle, associative, artistique, partidaire, forum, pétition, vote... qui reflètent la diversité des interventions au sein de la société[36]. »

On voit ainsi que toute cette évolution va remettre en question les notions d'information et de fiabilité de cette information comme celle de savoirs établis.

Autre bouleversement dont l'ampleur est encore insoupçonnée : celui concernant la propriété intellectuelle. Devant la multiplication des sources, des facilités de reproduction et de modification, et des moyens de diffusion, les réglementations existantes sont obsolètes.

---

34. http://english.ohmynews.com/
35. http://en.wikipedia.org/wiki/Citizen_journalism ; en France, Agoravox http://www.agoravox.fr/
36. Michel Briand, « Expression citoyenne », *op. cit.*

Mais le changement le plus intéressant reste certainement de nature culturelle. Les contenus sont produits individuellement ou collectivement. Dans les deux cas, une nouvelle culture émerge : celle du partage, de la gratuité, de l'échange et de la coopération. Non pas parce que la nature humaine serait soudainement différente. L'homme n'est pas devenu plus ouvert, tolérant et coopératif par la magie du net. Mais le réseau suscite ces nouveaux modes de relation. Ce que je reçois est également disponible pour les autres. Dans nos sociétés numériques, la coopération devient un mode de relation plus adapté et plus productif que la confrontation, forme de relations humaines socialement la plus répandue dans nos démocraties et nos économies dites développées[37].

« Les médias distribués rendent possible la mise en mouvement de larges communautés qui s'impliquent pour co-produire des contenus habituellement diffusés par les structures publiques. Qu'il s'agisse des outils de bureau pour communiquer (Open Office, Firefox), d'encyclopédies (Wikipedia), de cartes, d'atlas (Open Geodata), de revues scientifiques (Appel de Budapest), de connaissances rendues accessibles (les sites de formation et d'autoformation sur Internet), de contenus pédagogiques (Open Courseware)..., les initiatives venant directement des individus et des groupes se multiplient, en dehors des institutions qui en ont pourtant la mission. Toutes ces démarches qui nourrissent un patrimoine commun du savoir ne se vivent pas forcément comme politiques (parmi les contributeurs de Wikipedia, nombreux sont ceux qui le font par jeu, par passion...). Pour autant, elles participent de l'émergence de la nouvelle forme de l'expression citoyenne[38]. »

37. Jean Michel Cornu, *La coopération, nouvelles approches*, 2001, http://www.cornu.eu.org/texts/cooperation.shtml
38. Michel Briand, « Expression citoyenne », *op. cit.*

Cette nouvelle culture est le terreau indispensable à l'émergence d'une intelligence collective[39]. Elle n'est pas suffisante. Les outils permettant l'expression de cette intelligence restent à inventer.

Depuis l'apparition de l'Internet, des chercheurs travaillent à optimiser la navigation et la recherche d'information sur le réseau des réseaux. Car avec les millions de sites en ligne, en 2006, il reste difficile de trouver sur le net l'information précise désirée. Des informaticiens de l'université d'Alberta, au Canada, ont ainsi développé un logiciel qui, selon eux, devrait rendre la navigation sur le Web plus facile et plus rapide. Tingshao Zhu, étudiant en doctorat d'informatique à l'université, explique que « sur la plupart des moteurs de recherche, l'ordre des mots clés est très important, car les associations sont faites séquentiellement. Mais notre logiciel utilise une technique d'apprentissage pour transposer les demandes humaines sous la forme de requêtes intégralement compréhensibles par un ordinateur. Notre système dirige l'internaute directement sur les sites qu'il désire et non pas simplement sur des sites qui sont liés aux mots clés saisis[40]. »

Pierre Levy, à l'université d'Ottawa, s'intéresse depuis de longues années à ces questions : « J'essaye de créer les conditions scientifiques d'une situation où tous les documents aient une adresse qui ne soit pas l'adresse de leur localisation physique sur Internet (l'adresse d'un serveur), mais qui soit une adresse dans un espace sémantique ; une adresse dans un espace de l'intelligence collective de l'humanité qui ait son propre système de coordonnées. Tout le monde connaît le système de repérage de l'espace géographique planétaire avec la longitude et la latitude.

39. Philippe Durance, « Qu'est-ce que l'intelligence collective ? », Groupe intelligence collective de la FING, 11 février 2004, http://www.internetactu.net/?p=4426

40. http://www.techno-science.net/?onglet=news&news=2655, 29 avril 2006.

Imaginons un autre espace : un univers des processus cognitifs, des idées en rapport, de la pensée, de la signification. Ces idées sont toutes co-dépendantes les unes des autres, en relation les unes avec les autres.

Cet univers des idées est très hétérogène, mais en même temps il "fait système" car les idées n'ont de signification que les unes par rapport aux autres. Le système de coordonnées de l'univers cognitif n'est qu'un point d'appui pour étudier ce qui se passe dans cet espace virtuel des idées, qui, en principe est évidemment infini. Ce système, nous sommes en train d'y travailler[41]. »

Outre l'université, certaines communautés concentrent leurs échanges et leurs réflexions sur les enjeux de cette intelligence collective en devenir. C'est le cas d'un site collaboratif remarquable, TheTransitioner.org, un wiki construit par ses propres visiteurs, qui réunit celles et ceux qui souhaitent étudier et développer l'intelligence collective afin de construire un monde plus juste[42].

L'Internet n'est donc que la partie visible de la révolution en cours, dont la dimension culturelle est essentielle. Cet « Internet » dépasse très largement l'univers informatique. Par une approche historique de l'évolution de nos sociétés, nous découvrons une double mutation de leur organisation : l'une concerne la transformation du vivant, l'autre se situe dans le champ social et culturel – nous parlons ici de la transformation du travail.

41. Interview de Pierre Levy, 5 décembre 2005, www.eclm.fr, ainsi que le site www.ieml.org
42. http://www.thetransitioner.org/wikifr/tiki-index.php

3.
La mutation économique et sociale

Cette évolution, tant de la nature que du volume du travail, repose sur une donnée simple : « La mutation technologique informationnelle permet un formidable accroissement de production de biens et de services et une formidable diminution du labeur humain nécessaire à la production de ces mêmes biens et services, ce qui met en cause la fonction et la valeur de matrice du lien social qu'avait le travail salarié[43]. »

Mécanisation, croissance et emploi

C'est ainsi que pour une même production de biens ou de services, le besoin en hommes diminue constamment. Nous sommes aujourd'hui parvenus au stade le plus avancé de la mécanisation du travail humain. Machines et écrans, robots et systèmes sont autant de « mécanismes » existant indépendamment de nous. La révolution technologique de l'information, qui a permis la mécanisation, puis la numérisation, l'automatisation,

43. Déclaration et textes fondateurs de VECAM, http://www.vecam.org/article.php3?id_article=326

la robotisation, la miniaturisation, a tout d'abord exclu du travail les paysans et les ouvriers des secteurs agricole et industriel.

Pour souligner l'ampleur de cette exclusion, il suffit de regarder les chiffres ; il ne reste aujourd'hui en France que 600 000 agriculteurs.

Place de l'agriculture dans l'emploi et productivité

	Part de l'emploi agricole dans l'emploi total (en %)			Impact comptable sur la productivité du changement de la part de l'emploi agricole (en point)	
	1960	1979	1998	1960-1979	1979-1998
France	23,2	8,8	4,2	0,52	0,12
Allemagne (*)	13,9	5,2	2,8	0,38	0,09
États-Unis	8,5	3,6	2,6	0,11	0,01
Royaume-Uni	4,7	2,7	1,7	0,07	0,02

Note : (*) Allemagne de l'Ouest.
Source : Card et Freeman (2002, p. 55).

Or, la disparition de la population paysanne, comme ouvrière, a des répercussions sociales qu'on est loin de maîtriser. C'est ce que souligne Éric Favey, secrétaire national de la Ligue de l'Enseignement : « La France vit actuellement une crise urbaine. Mais elle va connaître prochainement une crise rurale. Nous avons en France 600 000 paysans qui nourrissent l'identité d'environ 10 millions d'individus. Un quart de la population est marqué par cette culture paysanne et rurale. On a fait prendre à nos agriculteurs des virages culturels très rapides sans gérer ce changement collectivement. On ne peut les laisser traiter seuls des questions qui doivent être celles de la société tout entière :

de quelle agriculture voulons-nous ? quelle responsabilité vivrière, économique, environnementale, sanitaire[44] ? »

Et ce qui est vrai pour les paysans l'est également pour un grand nombre d'autres métiers, en pleine évolution ou disparition.

Autre évolution profonde de cette numérisation, la durée du travail qui ne cesse de diminuer depuis près d'un siècle.

En 1900, en France, on travaillait 55 milliards d'heures avec 18 millions d'hommes, donc 3 000 heures par personne et par an. À la fin du XXe siècle, le temps de travail est passé à 38 milliards d'heures, et à 1 600 heures par personne et par an. Pourtant la production a été multipliée par neuf et le pouvoir d'achat par huit ! Il n'y a pas de secret. C'est le rôle du progrès technique que de remplacer les humains au travail[45].

Mais plutôt que d'imputer ce bouleversement social au progrès technologique, nous préférons y voir le résultat de politiques économiques inappropriées.

Ainsi, si le taux de chômage ne diminue pas dans nos économies occidentales, cela s'expliquerait principalement par les difficultés que rencontrent les entreprises à augmenter leur

44. Pour Éric Favey, le véritable défi réside dans l'ouverture à une démocratie délibérative qui nourrit les formes participatives et délégatives. Il souligne dans son interview (22 décembre 2005, www.eclm.fr) que nos sociétés ne parviennent plus à rendre crédible et populaire l'idée de progrès. Nous sommes dans une période qui fabrique beaucoup plus d'angoisses que d'utopies et de rêves. Militant associatif et culturel, actuellement secrétaire national de la Ligue de l'Enseignement, délégué à la culture, à l'éducation et à la communication, Éric Favey fut précédemment responsable de l'action culturelle puis dirigeant d'une fédération départementale de la Ligue en Région Franche-Comté (Haute-Saône). Au sein de la Ligue son ambition est de « faire des électeurs et non des élections » par une éducation permanente au suffrage universel.

45. Interview de René Passet,
http://www.actuchomage.org/modules.php?op=modload&name=PagEd&file=index&topic_id=10&page_id=178

productivité. La concurrence internationale est sauvage, les charges patronales écrasantes, les mesures à l'embauche dissuasives, etc., mais personne ne dit que nos entreprises investissent dans des équipements qui dopent la productivité et ne créent aucun emploi. D'où les revendications récentes des salariés dont les entreprises annoncent simultanément des profits confortables et des suppressions d'emplois. Et on observe ce phénomène à l'échelle de la planète. Les délocalisations d'entreprises dans les pays où la main-d'œuvre est moins onéreuse ne créent pas d'emplois en nombre suffisant pour permettre le plein emploi [46].

Le chômage dans le monde,
1994, 1999, 2002-2004 (en millions)

Année	**1994**	**1999**	**2001**	**2002**	**2003**	**2004**
Total	140,3	170,3	174,3	180,9	185,2	184,7
Hommes	82,8	99,5	102,8	107,0	110,0	109,7
Femmes	57,5	70,9	71,5	73,8	75,2	75,1

Source : BIT, modèle des Tendances mondiales de l'emploi, 2005.

Dans un communiqué de presse du 6 juin 2005, Juan Somavia, directeur du Bureau international du travail, reconnaissait que la mondialisation échouait à créer de nouveaux emplois et à réduire la pauvreté. « L'énorme écart qui existe entre des richesses évaluées en milliers de milliards et les emplois au compte-gouttes que génère l'économie mondiale constitue une sérieuse menace à la sécurité internationale, au

46. Bureau international du travail, *Tendances mondiales de l'emploi*, Notes techniques, Genève, 2004,
http://www.ilo.org/public/french/bureau/inf/pr/2005/8tables.pdf ;
ainsi que le site des indicateurs clés en matière de travail,
http://www.ilo.org/public/english/employment/strat/kilm/

développement et à la démocratie, et demande que l'on s'en préoccupe dans l'urgence. La crise mondiale de l'emploi est la question politique la plus pressante de notre temps. Le feu rouge clignote aujourd'hui sur l'état de l'économie mondiale[47]. »

Nombreuses sont les données qui illustrent le contraste entre les taux de croissance et la création d'emploi. Et aujourd'hui, de plus en plus d'experts remettent en cause cette capacité de la croissance à créer des emplois. D'autant plus que la réalité des emplois créés est effrayante. Près de la moitié des travailleurs dans le monde vivent avec moins de deux dollars par jour. Le nombre de travailleurs vivant avec moins d'un dollar par jour a augmenté de 28 millions en Afrique subsaharienne entre 1994 et 2004. Dans certains pays, jusqu'à neuf personnes sur dix travaillent dans l'économie informelle, une économie « désorganisée, sans protection et instable » et moins de la moitié des jeunes en âge de travailler, dans le monde, avaient un emploi en 2004.

Embrassant un point de vue global, la quatrième édition des *Indicateurs clés du marché du travail* souligne très précisément l'évidence que nos dirigeants ne veulent admettre. « L'indicateur de l'élasticité de l'emploi contenu dans le rapport nous permet d'étudier la relation entre croissance économique – mesurée par le PIB – et deux paramètres variables de la croissance, l'évolution positive ou négative de l'emploi et la productivité. L'étude biennale démontre que pour chaque point de pourcentage de croissance du PIB supplémentaire, l'emploi global ne progresse que de 0,30 point de pourcentage entre 1999 et 2003, soit une baisse de 0,08 point de pourcentage par rapport à la période 1995-1999[48]. »

---

47. http://www-ilo-mirror.cornell.edu/public/french/bureau/inf/pr/2005/26.htm
48. *Les Indicateurs clés du marché du travail*, 4e édition, Genève, BIT, http://kilm.ilo.org/2005/press

Quant à la e-économie supposée générer de la croissance, même le Conseil d'analyse économique du Premier ministre français avoue que « concernant la durée d'un impact important des TIC sur la croissance et la productivité, l'incertitude est forte[49] ».

Ainsi, tout à fait officiellement, le Bureau international du travail, organe des Nations unies composé de nos gouvernements, confirme : « La croissance économique n'engendre pas de création d'emplois[50]. »

Nous refusons de l'admettre. Pourtant l'économie des services qui porte cette croissance exclut dès à présent tous les emplois non qualifiés, tels que les conducteurs de métro, les caissières de supermarchés, les pompistes, les salariés des banques et des assurances. Les annonces de suppressions de postes sont quotidiennes depuis plus de 20 ans.

Parallèlement au développement des « sous-emplois » et de l'économie informelle dans les pays en développement, les économies dites développées sont confrontées à un nombre croissant de ressources humaines sous-utilisées. En France et en Italie, le taux de main-d'œuvre « sous-utilisée » a atteint 21 % en 2004, en hausse par rapport aux 17 % de 1994 en France et aux 12 % en Italie[51].

---

49. Patrick Artus, Gilbert Cette, *Productivité et croissance*, rapport du Conseil d'analyse économique, Paris, La Documentation française, 2004, disponible sur http://www.cae.gouv.fr/, p. 52.
50. Communiqué du BIT, 9 décembre 2005, http://www.ilo.org/public/ french/bureau/inf/pr/2005/48.htm
51. http://www-ilo-mirror.cornell.edu/public/french/bureau/inf/pr/2005/48 .htm

L'importance grandissante de l'emploi à forte intensité de savoir

Croissance de l'emploi par groupe d'occupations dans certains pays de l'OCDE, pourcentage annuel moyen de variation, 1992-1999

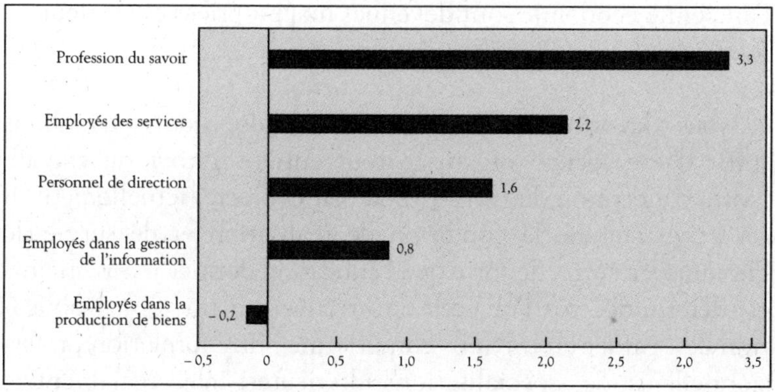

Les évolutions profondes sur le long terme sont confirmées par toutes les instances officielles, publiques comme privées : la croissance et la productivité augmentent ; le chômage et le sous-emploi progressent ; le temps de travail diminue ; la pauvreté s'étend et la répartition de la richesse creuse toujours plus les inégalités.

La montée inexorable du chômage, et plus encore la réduction du temps de travail, ne sont pas des tendances conjoncturelles appelées à disparaître ou à se réduire selon la régulation de l'immigration, la dérégulation du marché ou encore des politiques publiques appropriées.

Repenser le travail

Cette transformation du travail, tant en volume (de moins en moins d'emplois) qu'en qualité (de plus en plus qualifié), nous permet de saisir très concrètement les impacts de la révolution de l'information.

Le travail, qui est au cœur de nos vies individuelles et de l'organisation de nos vies collectives (impôts, sécurité sociale, éducation, aménagement du territoire...), subit actuellement une telle évolution que toutes les théories et politiques de l'ancienne économie sont devenues inappropriées et totalement inefficaces.

Nous devons véritablement comprendre que nous allons sortir d'une société organisée tout entière autour du travail. Notre conception du travail va devoir évoluer. Actuellement, il est perçu comme la condition de réalisation et de survie de l'homme sur terre, de sorte que l'éducation donnée à nos enfants est déterminée par l'objectif de « trouver un travail ». L'obligation de « garder un travail » conditionne notre formation professionnelle et nos spécialisations ultérieures, mais également le financement de notre prise en charge sociale et médicale (retraites et sécurité sociale). On voit dès lors très rapidement l'ampleur des transformations qui nous attendent.

La question qui se pose est de savoir comment éviter de vivre une vie sans travail comme un drame individuel et collectif. Pourquoi ne pouvons-nous pas nous réjouir de ne plus travailler ? Car, comme le souligne John Kenneth Galbraith dans son dernier livre, « "aimer travailler" est une expression courante mais qu'on applique la plupart du temps aux autres. Le mot travail s'applique simultanément à ceux pour lesquels il est épuisant, fastidieux, désagréable et à ceux qui y prennent manifestement plaisir et n'y voient aucune contrainte. Les individus qui prennent plaisir à travailler sont presque universellement les mieux payés. Le loisir est une option acceptable pour les riches mais reste un risque moral pour les pauvres[52]. »

52. John Kenneth Galbraith, *Les Mensonges de l'économie*, Paris, Grasset, 2004.

La philosophe Dominique Méda a tenté elle aussi de comprendre la difficulté que nous avons à accepter que le travail puisse n'être qu'une part minime de notre activité.

Elle rappelle que dans l'histoire pas si lointaine, travailler était considéré comme une obligation indigne de l'homme. La nécessité d'assurer sa subsistance ne pouvait être dévolue qu'à des « sous-hommes ». Or, à présent, nos connaissances et nos techniques nous permettent d'assurer la survie et la vie de tous les hommes peuplant notre planète. La question est donc celle de la reconsidération de la place du travail dans chacune de nos vies et celle de la redistribution des temps d'activité et de la richesse produite.

Dominique Méda pointe dans ses différents ouvrages le décalage, voulu et entretenu, entre les positions officielles (syndicats, gouvernements, intellectuels, presse, opinion publique) et la réalité économique lorsqu'il s'agit de considérer le devenir du travail. On continue de faire semblant de croire qu'il faut augmenter la quantité de travail pour sortir des crises que connaissent les sociétés industrielles. Ainsi, des secteurs entiers de l'activité humaine sont « marchandisés » ou monnayés, afin de « sauver le travail » attaqué par son propre progrès[53]. Ceci est particulièrement vrai pour des activités dites solidaires (aide aux personnes âgées, petite enfance, etc.) jusqu'alors non marchandes, ou pour celles dont le coût était pris en charge par la collectivité (éducation, santé).

Dans la même approche, André Gorz réfléchit depuis trente ans au travail et aux successives mutations du capitalisme induites par les révolutions technologiques. Dès 1988, prenant à contre-pied les penseurs sociaux-démocrates, néolibéraux ou néoconservateurs, il a largement prouvé que les nouvelles technologies de l'information seraient porteuses de plus d'injustices,

53. Dominique Méda, *Le Travail, une valeur en voie de disparition*, Paris, Flammarion, 1998.

de dangers pour l'environnement et la santé, et d'aliénations nouvelles[54].

C'est l'immatériel qui désormais tire la croissance des économies. Cette économie de l'immatériel nécessite de nouvelles formes de production et d'organisation en réseaux, dans lesquelles les hommes comme les territoires ne sont plus prépondérants. L'efficacité se déplace vers des structures en réseaux, la tendance est à la multiplication des petites ou moyennes entreprises, qui se font et se défont, déménagent selon des considérations de pure rentabilité à court terme. Nous sommes face à une économie nouvelle que nos sociétés ne savent pas maîtriser avec les outils du passé.

Dans cette économie, le travail ne sera plus celui de l'économie industrielle. C'est notre intelligence individuelle comme collective qui sera source de richesse qui, elle-même, sera reconsidérée[55]. La production d'œuvres d'art, la création et le développement de nouveaux langages, l'inventivité, la générosité seront les matières premières de cette économie de l'immatériel.

Le retour du politique

Si le travail n'est plus le pivot de nos vies, nous allons devoir nous poser la question tant redoutée mais seule valable : que voulons-nous faire de nos vies ? C'est une question que se posent habituellement les philosophes et les politiques. Les philosophes pour y donner des réponses morales et éthiques touchant la dignité de l'homme, son rapport à la morale, à la justice ou encore au droit. Les politiques pour y apporter les réponses à même d'organiser la vie collective des individus tous animés d'intérêts différents.

54. André Gorz, *Métamorphoses du travail. Critique de la raison économique*, Paris, Gallimard, 2004.
55. Patrick Viveret, *Reconsidérer la richesse*, Rapport pour le secrétariat d'État à l'Économie solidaire, Paris, La Documentation française, 2002.

Or nos hommes et femmes politiques ne proposent aucun projet collectif au souffle mobilisateur à même de rassembler. Ni le socialisme ni le libéralisme ne semblent avoir pris conscience de la mutation en cours et ne sont capables de donner un sens à nos vies dans un véritable projet de société. Tous les discours politiques sont dominés par deux impératifs : le marché et la sécurité. L'argent pour les uns et la peur pour les autres.

Ainsi va-t-il nous falloir devenir des philosophes et des politiques. Déjà nos sociétés occidentales connaissent une explosion des cafés philosophiques et des écrits de vulgarisation philosophique. Comment interpréter l'engouement pour les médecines douces et alternatives, la spiritualité, la méditation, cette recherche du mieux-être, du mieux-vivre, ces éloges de la paresse ? Dans de nombreuses cultures du monde, en Afrique ou en Asie particulièrement, cette recherche d'harmonie entre l'homme, ses semblables et la terre est présente depuis des millénaires et toujours bien vivante. Ce sont donc les sociétés occidentales qui vont devenir « en voie de développement » pour acquérir ces valeurs et comportements nécessaires dans le nouveau monde émergent.

Quant au politique, il se déplace et se transforme. Il n'est plus à gauche ou à droite, ni même au centre ou aux extrêmes. Il est partout. L'acte politique qui consiste pour un groupe à intervenir dans le champ du collectif et à orienter son destin se trouve facilité, voire provoqué, par les réseaux numériques.

Les hommes et les femmes perçoivent bien que les défis sont gigantesques et nécessitent une intelligence et un courage politiques à la mesure. Or, seul un ensemble de « mesurettes », petites dispositions incohérentes et sans grande portée, nous est proposé, portant sur des questions de prélèvements obligatoires, d'avenir des retraites, de maintien du pouvoir d'achat ou de relance de l'investissement.

Nous sommes confrontés à des dérèglements climatiques majeurs qui menacent non seulement la survie des générations futures, mais dès à présent celle de millions de personnes vivant dans les zones exposées. Nous connaissons des pandémies dévastatrices, le sida comme les risques de grippe aviaire ; les violences de toute nature submergent les rapports entre les hommes (issues de la guerre économique, du terrorisme ou des injustices dans nos villes), une bulle financière flotte au-dessus de nos têtes, prête à exploser et à plonger le monde dans le dénuement le plus total. Et dans ce vacarme étourdissant des affaires du monde, nos ministres s'acharnent à manipuler quelques instruments conjoncturels (dépense, fiscalité, taux d'intérêt) dont la portée est dérisoire au regard des problèmes à résoudre[56].

Ne faut-il pas chercher dans ce décalage l'explication d'un désintérêt progressif d'une part grandissante de la population pour un certain monde politique, celui dit des « professionnels » de la politique. N'est-ce pas une des raisons de l'éloignement réel des électeurs vis-à-vis de leurs élus mais aussi des politiques menées par ces derniers ?

Comme le souligne Manuel Castells, « c'est dans les médias que se joue le pouvoir. Ces médias utilisent un langage extrêmement simplifié, accentuant la personnalisation et le rôle des leaders auxquels on croit ou auxquels on ne croit pas. Dans cet univers médiatique, la politique consiste à détruire l'autre. Et comme chacun fait la même chose, tous se détruisent les uns les autres. C'est la destruction mutuellement assurée. Et ainsi, les électeurs détestent tout le monde et ne votent pour personne. On détruit la légitimité démocratique par la politique du scandale[57]. »

56. René Passet, « L'émergence de l'immatériel », *Transversales Sciences & Culture*, n° 45, consultable sur :
http://perso.wanadoo.fr/marxiens/politic/revenus/passet.htm
57. Dans cette interview, Manuel Castells (10 avril 2006, www.eclm.fr) souligne l'émergence d'une communication de masse autonome qui représente une révolution technologique et culturelle absolue. Le contrôle public ou privé de l'information et de la communication est appelé à disparaître et toute

Enfin, peut-être les citoyens ont-ils pris conscience avant leurs représentants que la réalité du pouvoir n'était plus au niveau des États. Le véritable pouvoir est passé au niveau international, d'une sphère publique qui est celle des États, à une sphère d'intérêts privés qui est celle de la finance internationale[58].

La prise de conscience de ce glissement du pouvoir s'est nourrie du temps libéré du travail, de la nécessité de créer de nouvelles activités pour maintenir une reconnaissance et un lien social, de la non-acceptation des effets dramatiques des politiques libérales. Et dès lors, nous n'avons jamais autant fait de politique ! Les citoyens prennent à bras-le-corps les questions à traiter (chômage, violence, sida, pauvreté, logement...) et il n'y a jamais eu autant de création d'associations, de maisons de quartiers, de collectifs de toute nature, de services de proximité, d'ONG.

Face à ce mouvement qui peut sembler contradictoire entre désintérêt vis-à-vis de la politique et investissement du politique, notre conviction est que la révolution de l'information et les nouveaux outils qu'elle invente permettent de répondre à l'urgence d'un renouveau politique, pouvant servir une citoyenneté plus active et une démocratie plus participative.

Ce retour du politique pour accompagner la mutation sociale et culturelle est rendu plus nécessaire encore par l'autre dimension majeure de cette révolution de l'information : la fabrication du vivant.

---

notre organisation sociale est appelée à se transformer. Déjà aujourd'hui, on constate partout une crise totale de la légitimité politique. Manuel Castells est Professeur de communication, titulaire de la chaire Wallis Annenberg de communication, technologie et société, à l'Annenberg School for Communication, université de Californie du Sud (Los Angeles, États-Unis), et directeur du Projecte Internet Catalunya à l'Université ouverte de Catalogne (Barcelone, Espagne).

58. Une journée de spéculation représente 1 600 milliards de dollars, l'équivalent de toutes les réserves en or de toutes les grandes banques centrales du monde, http://www.sociotoile.net/article11.html ; voir Eva Joly, *Est-ce dans ce monde-là que nous voulons vivre ?* Paris, Les Arènes, 2002.

4. Nanotechnologies et fabrication du vivant

Nous entrons ici dans un univers inexploré et inquiétant, aux frontières de la science et de la fiction, peuplé d'apprentis sorciers. Nous parlons de la manipulation du vivant, de la création de la vie et de sa transformation selon des « techniques » qui s'éloignent de tous procédés naturels.

À l'origine de ce bouleversement sans précédent dans l'histoire de l'humanité, on trouve le concept d'information, qu'il convient de comprendre avec discernement. Car ce concept, comme nous allons le voir, est un peu le secret de notre monde actuel et, surtout, du monde à venir !

Information et in-formation

« Information » : le mot renvoie à la matière trouvée dans nos livres, nos journaux, nos télévisions ou nos radios. Au sens large, l'information est tout ce qui fait sens, utilisant les mots, les sons, les images et autres symboles. Cette information-là nous fait percevoir et comprendre le monde. Ce sont tous les messages que les humains s'échangent depuis les dessins sur les murs des grottes préhistoriques jusqu'aux écrans omniprésents de notre monde actuel[59].

Pour permettre une compréhension plus aisée de ce qui va suivre, nous appellerons cette information, l'« information sens ».

Or, la révolution technologique de l'information ne concerne pas cette « information sens ». Dans son acception scientifique, l'information est une unité de mesure. Elle est une suite de 0 et de 1, la matière première de l'informatique, un langage binaire, qui utilise des codages, des algorithmes et des méthodes différentes pour traiter des nombres (calcul scientifique, gestion), des textes (traitement de texte, documentation, bases de données juridiques), des traits (dessin), des formes géométriques (CAO), mais aussi des molécules ou des cellules humaines.

La révolution de l'information est bien celle-là : toute matière vivante ou inanimée qui nous entoure peut être numérisée et devenir une suite de 0 et de 1. Elle n'est pas dans le fait de pouvoir stocker et diffuser toujours plus facilement et plus rapidement via les réseaux numériques « l'information sens ».

Nous voyons donc que nous avons deux conceptions de l'information : celle de l'information sens et celle de l'information mesure.

Jacques Robin tente d'expliquer cette distinction essentielle dans de nombreux articles : « L'information ce n'est pas seulement le sens que nous donnons à une réalité et une forme de communication, c'est une dimension physique de la matière mise à jour après le premier tiers du XXe siècle. Depuis, nous avons appris à en conquérir la maîtrise, à savoir la capter, la stocker, la traiter pour la diffuser dans des technologies inédites. Ce qui fait déjà dire en 1952 à KG Boulding, alors président de l'Académie des sciences de New York : "L'information est une troisième dimension fondamentale de la matière au-delà de la

59. Définition de l'information, http://www.olats.org/schoffer/definfo.htm

masse et de l'énergie." L'information devient "matière première" et se substitue progressivement à l'énergie[60]. »

Ce concept « d'information mesure » a fait l'objet de nombreuses recherches. La thèse de Jérôme Segal semble la plus complète et la plus accessible sur le sujet. Il énonce ainsi : « À partir de la fin de la Seconde Guerre mondiale, des ingénieurs, des physiciens et des mathématiciens s'aperçoivent qu'il est possible d'appeler "information" cette grandeur qui caractérise différents modes de communication, qui intervient en cryptologie, qui s'apparente dans son expression mathématique à l'entropie et qui permet de déterminer la capacité de stockage ou de traitement des ordinateurs, à condition de renoncer à toute la dimension sémantique du mot information[61]. »

Daniel Bougnoux, dans son livre *Sciences de l'information et de la communication*, nous aide également à mieux appréhender cette dualité du sens de l'information : « De fait, le terme même d'information recouvre dans notre langue une nébuleuse de notions que l'anglais par exemple distingue : veut-on parler de *news*, de *knowledge* ou de *data* ? "Information" renvoie à deux polarités de notre culture selon qu'on pense aux informations journalistiques ou au numérique, au langage ou au calcul, aux humanités ou aux maths[62]... »

Il est essentiel de percevoir que ce « troisième élément de la matière » bouleverse déjà notre monde et qu'un nouveau monde est à venir.

Nous nous trouvons au-delà de toutes les grandes inventions de l'humanité qui ont bouleversé l'histoire des hommes. Cette découverte concerne la matière même, celle dont nous sommes constitués comme celle des objets qui nous entourent.

60. Jacques Robin, Laurence Baranski, *L'Urgence de la métamorphose*, Éd. Des idées et des Hommes, 2007 (à paraître).
61. Jérôme Segal, *Le Zéro et le Un. Histoire de la notion scientifique d'information au XXᵉ siècle*, Paris, Éditions Syllepse, 2003.
62. Daniel Bougnoux, *Sciences de l'information et de la communication*, Paris, La Découverte, 2006.

C'est ce concept d'in-formation qui va définir notre futur ; de même que depuis douze mille ans nous vivons dans l'ère de l'énergie, désormais nos sociétés pénètrent dans l'ère de l'in-formation. Ce changement sera aussi percutant, sinon plus, que le passage au néolithique, formidable bouleversement amorcé par le contrôle que l'homme commença à acquérir sur son environnement. Maître de son alimentation, il a pu se reproduire, gagner en longévité et devenir une espèce dominante.

Aujourd'hui, ce changement radical nous oblige à parler de révolution de l'information, dans le sens où pour la première fois, l'homme va pouvoir contrôler et reproduire la vie elle-même.

Le monde fascinant des nanotechnologies nous fait toucher du doigt les enjeux auxquels nous devons faire face, et les actions possibles à envisager dès aujourd'hui.

La révolution du vivant

« Nous ne craignons pas tant la révolte des ordinateurs, mais plutôt qu'ils évoluent et nous remplacent insidieusement en exécutant mieux que nous les fonctions que nous croyions jusqu'ici réalisables seulement par l'être humain[63]. »

Nous en sommes au tout début de l'histoire, mais nous pouvons affirmer que les nanosciences et les nanotechnologies vont développer des potentialités – encore largement insoupçonnées – aux répercussions sociétales et éthiques gigantesques.

Elles vont constituer un enjeu qui occupera le cœur du débat public dans les vingt prochaines années et, par expérience, nous savons que cette mise en débat ne s'effectuera pas spontanément à l'initiative des pouvoirs publics, des chercheurs ou des industriels impliqués dans ce vaste secteur transdisciplinaire.

63. *2001 : L'Odyssée de l'espace*, film de Stanley Kubrick, 1968.

Pour maîtriser socialement ces avancées technologiques, il conviendra de se tourner à nouveau vers des initiatives citoyennes.

On citera en particulier celle de l'ETC Group, un des rares réseaux qui entende promouvoir un développement socialement responsable des technologies, au bénéfice des plus démunis. Un article de janvier 2005 expose les dangers potentiels d'un développement non maîtrisé des nanotechnologies[64].

Mais comprenons tout d'abord ce que sont ces nouvelles technologies et les impacts qu'elles peuvent avoir sur nos sociétés.

Les nanotechnologies sont des « techniques » qui permettent de manipuler la matière à l'échelle des atomes et des molécules. « Nano » est une unité de mesure et non un objet.

Au contraire des « biotechnologies » où l'on sait que « la vie » (*bio*) est manipulée, les nanotechnologies ne se réfèrent qu'à une échelle de mesure. Un « nanomètre » est égal à un milliardième de mètre. Un cheveu humain mesure environ 80 000 nanomètres d'épaisseur. Une molécule d'ADN est large d'environ 2,5 nanomètres. En comparaison, un globule rouge est très vaste : environ 5 000 nanomètres de diamètre. Tout ce qui est à une échelle nano est invisible à l'œil nu.

Deux « révolutions » majeures nous intéressent dans ce champ inexploré des nanotechnologies : la création de nouveaux matériaux et les nouveaux procédés de création même de la matière.

– À l'échelle nanotechnologique, là où règnent les lois de la physique quantique, les substances ordinaires peuvent montrer

64. ETC group, *A tiny primer on nano-scale technologies and the little bang theory*, 2005. L'ensemble des propos qui suivent sont repris de cet article, traduit et adapté librement. Nous remercions tout particulièrement cet organisme de nous avoir autorisés à reproduire ici ses travaux, disponibles sur http://www.etcgroup.org/article.asp?newsid=516

de nouvelles propriétés (meilleure résistance, changements de couleur, plus grande réactivité chimique), qu'elles ne présentent pas à une plus grande échelle. Le carbone, par exemple, à l'échelle nanométrique, est cent fois plus résistant que l'acier et six fois plus léger. Les nouveaux matériaux ainsi créés sont donc autant de nouvelles « matières premières » pour l'industrie, qui peuvent bouleverser les marchés traditionnels.

Ainsi, l'industrie est en train de concevoir des nanoparticules pour renforcer et prolonger la vie des pneus automobiles. De nouveaux matériaux nanotech vont remplacer le caoutchouc naturel. La demande de caoutchouc naturel peut s'effondrer avec des conséquences catastrophiques pour les millions de travailleurs qui en vivent et les économies nationales de la Thaïlande, de l'Inde, de la Malaisie et de l'Indonésie.

Autre exemple : un des produits actuellement en cours d'invention est une fibre synthétique manipulée à l'échelle nanométrique, qui a la même texture que le coton, mais qui est beaucoup plus solide. Quelles conséquences auront ces fibres nanotechnologiques pour les 100 millions de familles travaillant dans la production du coton à travers le monde ? Trente-cinq pays africains sur cinquante-trois sont producteurs de coton et vingt-deux en sont exportateurs. Que va-t-il se passer pour ces producteurs traditionnels si la nouvelle fibre synthétique peut être produite directement en laboratoire – et non plus à partir du sol –, assemblée et programmée numériquement dans des ordinateurs/machines pouvant fabriquer une chemise, sans intervention humaine ?

– Autre « révolution » considérable : les nanotech rendent possible la fabrication de toute matière, vivante ou non, « du bas vers le haut ». On sait que les atomes et les molécules sont les composantes de toute matière. Notre propre corps humain est lui aussi composé d'atomes et de cellules.

En utilisant les nanotech pour fabriquer selon un processus ascendant (du bas vers le haut, de l'atome à l'objet) et non descendant, la quantité nécessaire de matière première peut être brusquement réduite. Ceci est déjà très sérieusement envisagé et étudié par de nombreux chercheurs et industriels. Rodney Brooks, directeur du laboratoire d'intelligence artificielle du Massachusetts Institute of Technology (MIT) déclare ainsi : « Notre objectif à trente ans est d'avoir un tel contrôle sur la génétique des systèmes vivants qu'au lieu de faire pousser un arbre, de l'abattre et de construire une table à partir de cet arbre, nous serons capables de faire pousser directement la table[65]. »

Ainsi voit-on se dessiner les répercussions sociales et économiques de ces technologies inconnues du grand public. L'émergence de nouvelles matières à l'échelle nanométrique, ajoutée à l'assemblage ascendant, bouleversera les considérations géographiques de production, les quantités de matières premières nécessaires, et ici encore les quantités et la qualité du travail humain.

Et cela est vrai pour toute matière, tout produit, tout domaine de nos économies actuelles ! Les matières premières des nanotechnologies sont les éléments chimiques du Tableau périodique des matériaux, c'est-à-dire les « blocs » chimiques composant toute matière vivante ou inanimée. Donc, les outils et procédés nanotechnologiques peuvent être appliqués *a priori* à tous biens manufacturés dans tous les secteurs industriels. Ceux qui maîtriseront les nanotechnologies auront le contrôle général de la production, de l'alimentation, de l'agriculture et de la santé dans les années à venir.

Si nous vivions dans un monde juste et solidaire, les nanotechnologies pourraient certainement apporter des solutions réelles à la plupart des problèmes de nos sociétés. Elles seraient par exemple utiles pour l'environnement en remplaçant des anciens matériaux polluants et nocifs par de nouveaux

---

65. Rodney Brooks, "The Merger of Flesh and Machines", *The Next Fifty Years: Science in the First Half of the Twenty-First Century*, ed. by John Brockman, 2002, p. 191. Cité dans ETC group, *A tiny primer on nano-scale technologies and the little bang therory*, 2005.

matériaux plus respectueux des équilibres naturels. Mais dans un monde où prévalent la privatisation de la science et une concentration économique sans précédent, la course aux brevets sur les produits et sur les procédés nanotech va se traduire par des monopoles géants sur les éléments de base qui sont à l'origine de notre monde naturel dans son ensemble.

C'est déjà une réalité ! Les investissements internationaux dans les nanotechnologies, secteurs privé et public confondus, sont estimés à 8,6 milliards de dollars US pour 2004. Et la Fondation nationale des sciences américaines (NSF) prédit que les produits issus des nanotechnologies vont représenter un marché d'un « trillion », c'est-à-dire un milliard de milliards de dollars en 2011, soit dans seulement cinq ans[66]. Pour les seuls États-Unis, le nombre des brevets attribués annuellement sur des processus et produits nanotechnologiques a triplé depuis 1996[67].

Le *small* BANG

Le pouvoir réel de la science à l'échelle nanométrique réside dans la convergence de plusieurs technologies – comme les biotechnologies, les sciences cognitives, l'informatique, la robotique, etc. –, convergence ayant les nanotechnologies comme catalyseur principal. La logique de cette convergence technologique vient de ce que les composantes de toute matière ont leur origine à l'échelle nano[68].

Le groupe ETC utilise le terme « BANG » pour décrire ce phénomène de la convergence. **B**its, **A**tomes, **N**eurones et **G**ènes s'additionnent pour une théorie du « petit » **BANG**.

66. www.memsnet.org/news/1032299214-3
67. Antonio Regalado, "Nanotechnology Patents Surge as Companies Vie to Stake Claim", *Wall Street Journal*, 18 juin, 2004, p. 1.
68. Mihail Roco et William Sims Bainbridge, (eds.), *Converging Technologies for Improving Human Performance*, NSF/DOC Report, juin 2002.

Ainsi, le contrôle de la matière – sa manipulation, sa transformation et l'invention de nouvelles « matières » – peut-il s'effectuer par la convergence des technologies de l'information (Bits), des nanotechnologies (Atomes), des neurosciences cognitives (Neurones) et des biotechnologies (Gènes).

Selon la théorie du « petit » BANG, les neurones peuvent être re-programmés de manière à ce que nos cerveaux parlent directement aux ordinateurs ou à des membres artificiels. Les réseaux d'ordinateurs peuvent être couplés à des réseaux biologiques pour développer une intelligence artificielle ou des systèmes de surveillance.

La biologie de synthèse s'intéresse à la construction de nouveaux systèmes vivants en laboratoire[69] ; aujourd'hui les chercheurs élaborent des machines biologiques ou des machines hybrides qui utilisent tant de la matière biologique que non biologique – de manière ascendante, du bas vers le haut. Les implications sont stupéfiantes : non seulement de nouvelles espèces et une nouvelle biodiversité, mais aussi de nouvelles formes de vie pouvant se reproduire par elles-mêmes !

Car bien évidemment, les inventions et manipulations ne vont pas s'arrêter aux machines. C'est l'homme qui sera le champ d'investigation le plus gratifiant et certainement le plus lucratif.

Si on en croit le gouvernement américain, la convergence technologique va « améliorer les performances humaines » au travail, dans les loisirs, dans les salles de classe et sur les champs de bataille.

Cette révolution du vivant va modifier notre conception de ce qui est « normal ». Allons-nous tous devoir nous « améliorer » si nous ne voulons pas faire partie des « sous-hommes » ? Le perfectionnement physique et mental deviendra-t-il un impératif social aussi bien que légal ? Comment des parents pourront-ils

69. « La biologie de synthèse », Lettre *Transversales Sciences & Culture*, décembre 2004, disponible sur http://grit-transversales.org/newsletter-transversales/transversales-7-dec2004.htm

résister aux pressions visant à rendre leurs futurs enfants « performants » ? ou tout simplement à les protéger de futures maladies par des manipulations génétiques effectuées directement sur des cellules de l'embryon ?

Nous ne parlons ici que du corps humain, de son apparence et de ses qualités. Mais au-delà du corps, il y aura les comportements des individus. Il sera tout à fait possible de transformer nos propres caractères et nos humeurs pour les « adapter » à des fonctions sociales ou productives préalablement définies. Combien de temps encore faudra-t-il pour que la dissidence démocratique soit vue comme une « imperfection » corrigible ?

L'intervention humaine ne va pas se limiter à la création d'une porte de voiture en polymère nanobiologique intégrant des protéines incorporées pour se réparer toute seule après une collision. Ou encore à l'invention de plantes rendues trop dures pour que les insectes ne les mangent. Une « invention » qui nous permet immédiatement de mieux comprendre le gigantisme des répercussions sociales à venir est celle d'un utérus artificiel. Dans un petit livre d'un grand intérêt, Henri Atlan pose des questions éthiques sur cette ectogénèse (véritable développement du foetus à l'extérieur du corps maternel). En dehors des impacts sur l'espèce humaine même, il nous faut imaginer une transformation des liens entre parents et enfants et surtout des rapports nouveaux entre hommes et femmes y compris dans le lien amoureux[70].

Nos sociétés face aux nanotechnologies

L'idée, bien sûr, est que ces nouvelles créations soient totalement contrôlées par leurs concepteurs. Mais la menace la plus probable aujourd'hui est celle d'une fusion de la matière vivante et de la matière inanimée ayant pour conséquence des organisations et produits hybrides impossibles à contrôler car se

70. Henri Atlan, *L'Utérus artificiel*, Paris, Le Seuil, 2005.

comportant de manière imprévisible. Il n'existe qu'une poignée d'études sur la toxicologie des nanoparticules mais nous savons déjà qu'elles peuvent pénétrer dans les défenses du système immunitaire du corps, à travers les membranes protectrices telles que la peau, ou celles du cerveau ou peut-être du placenta. On estime aujourd'hui à 475 le nombre de produits contenant des particules nanotechnologiques, invisibles, incontrôlées et non étiquetées, déjà disponibles dans le commerce (produits alimentaires y compris, pesticides, produits de beauté, protections solaires et autres), et des milliers d'autres sont à venir [71] !

Les gouvernements, l'industrie et les établissements scientifiques ont autorisé les mises sur le marché de produits nanotechnologiques en l'absence totale de connaissance des risques, de débat public et de régulation. Seuls quelques gouvernements et scientifiques concèdent tardivement que les nanoparticules soulèvent des risques inédits pour la santé, la sécurité et l'environnement, et recommandent que les nanoparticules soient limitées ou interdites dans l'environnement [72].

Mais ces mises en garde risquent de ne pas être entendues. En revanche, nous risquons d'entendre davantage les sirènes des nanotechnologies. Ces dernières proclameront partout que les nanotechnologies vont résoudre les questions de la faim et de la pauvreté, guérir du cancer, réduire la demande en matières premières et permettre le développement des énergies alternatives. Ce qui peut s'avérer possible si la considération du bien commun l'emporte sur l'intérêt et le profit de quelques-uns.

À l'heure actuelle, les espoirs d'un changement de perception de cette réalité sont limités. Les recommandations du groupe ETC, qui a appelé à un moratoire sur les recherches en matière

71. M.C. Roco, "National Nanotechnology Initiative : Overview", 20 septembre, 2004. Disponible sur Internet : http://www.eng.nsf.gov/nano/NNI_040920_overview_Roco@NTinSociety_web.pdf

72. Royal Society et Royal Academy of Engineering, « Nanoscience et Nanotechnologies : Opportunités et incertitudes » ; rapport final pour la commission ITRE (commission de l'industrie, de la recherche et de l'énergie) du Parlement européen, juillet 2004.

de nanotechnologies et sur les nouveaux produits commerciaux tout comme à une Convention internationale sur l'évaluation des nouvelles technologies (ICENT), restent isolées.

Certes, un premier effort de gouvernance globale a réuni vingt-cinq pays (dont la Chine) pour l'instauration d'un Bureau consultatif international pour une nanoscience responsable[73]. Il conviendra de suivre avec la plus grande attention la mise en place d'une telle instance.

La manipulation du vivant est aujourd'hui technologiquement possible, mais elle laisse entières les questions politiques et éthiques. L'essentiel est bien là : dans la capacité de nos sociétés ou dans leur incapacité à se transformer et à s'adapter pour résoudre ces questions. Comme toute révolution scientifique et technologique, elle pourra avoir des conséquences positives et/ou négatives selon la capacité de gestion politique, administrative et culturelle de la société, des institutions et des hommes.

Mais nous restons toutefois quelque peu sceptiques sachant, qu'aujourd'hui encore, la totalité des répercussions de la révolution de l'information n'est toujours pas prise en compte.

73. International Dialogue on Responsible Research and Development of Nanotechnology, http://www.nanodialogues.org/international.php

5.
Les défis de la révolution informationnelle

« Face à des enjeux dont la réponse déterminera l'avenir de nos sociétés, quels sont les chances et les risques de ces technologies pour les hommes et les sociétés humaines ?

Les aspects techniques, économiques et financiers continuent à polariser l'essentiel des discussions. Les conséquences sociales, positives ou négatives, de ces évolutions technologiques sont bien plus considérables, mais ne sont traitées qu'à travers un prisme économique et marchand.

La citoyenneté et la démocratie sont indissociablement liées à la nature et à l'évolution des systèmes de communication.

Comment prévoir les effets économiques, sociaux ou culturels du développement des nouvelles technologies de communication ? Si nous considérons le principe élémentaire de responsabilité à l'égard du futur, ne doit-on pas alors privilégier, dans les processus de décision, la prise en considération des risques ?

Car face à cette pression technologique, de nombreuses questions se posent que le grand jeu stratégique des firmes et des États, tout entier dominé par les contraintes de la compétitivité, refoule ou ignore [74]. »

---

74. Déclaration et textes fondateurs de VECAM, *op. cit.*

Voilà dix ans que ce texte a été largement diffusé. Depuis, des milliers de discours, d'articles, de livres, dans toutes les langues et sur tous les supports de communication ont tenté de répondre à ces questions. Mais moins nombreux ont été ceux qui ont cherché à expérimenter et orienter l'usage – encore moins la conception – de ces technologies pour répondre aux besoins des populations. D'où quelques grands défis auxquels doivent répondre nos sociétés.

Fracture et inégalités

Une des premières questions qui se posent est de savoir ce que vont devenir les pays ou les groupes sociaux qui ne vont pas s'intégrer dans ce nouveau monde numérique. Nous parlons ici de la grande majorité de la population mondiale. D'où la très célèbre et médiatique expression de « fracture numérique » !

– Cette réalité est facile à mesurer. Elle tient en deux chiffres : 91 % des utilisateurs de l'Internet vivent dans la partie du monde où résident 19 % de la population mondiale. Plus de 80 % de l'humanité n'a pas accès aux savoirs et aux connaissances circulant sur les réseaux numériques.

Cette fracture numérique, nous la voyons entre le Nord et le Sud de la planète mais elle existe entre les villes et les campagnes, entre les hommes et les femmes, entre les jeunes et les anciens. Malgré les efforts, elle ne cesse de s'élargir et de s'approfondir. À l'ère des sociétés en réseaux, cette nouvelle forme d'exclusion ne fait que s'ajouter à toutes les autres qu'elle renforce. L'exclusion numérique est tant géographique, générationnelle, économique que sociale. Mais elle est avant tout profondément culturelle.

Ce phénomène d'exclusion numérique peut sembler paradoxal puisqu'il donne le statut « d'exclus » à la très grande majorité de la communauté humaine. Et pour cette majorité, la fracture numérique est une réalité qui n'est pas toujours vécue.

La fracture sociale, économique ou culturelle est souvent beaucoup plus nettement perceptible. Cette fracture numérique n'existerait pas en elle-même : elle ne serait qu'une traduction d'autres inégalités et exclusions existantes, fruits le plus souvent d'une même logique économique dominante.

C'est ce qu'illustre parfaitement l'ordre du jour du Sommet mondial sur la société de l'information. Deux groupes de travail ont été créés pour tenter de résoudre deux dossiers conflictuels : celui de la gouvernance de l'Internet et celui du financement de cette société de l'information devant contrer la fracture numérique. Aucune remise en cause des règles du commerce mondial ni aucune augmentation de l'aide au développement n'a été décidée. Comme si ces questions n'avaient aucune relation de cause à effet avec la fracture numérique. Un Fonds de solidarité numérique a été mis en place, mais sa promotion est avant tout le fait de pouvoirs locaux et sa mise en œuvre semble laborieuse trois ans après sa création[75].

D'où une aggravation des inégalités dans nos sociétés au Nord comme au Sud. Une accélération de la bipolarisation croissante du monde entre riches et pauvres, « inclus » et « exclus », en raison des inégalités d'accessibilité physique aux nouveaux réseaux, mais aussi de capacités individuelles et sociales, de maîtrise et de solvabilité de leurs usages. Et l'élargissement de ce fossé provoque ruptures, refuges identitaires et violences irrépressibles.

– La lutte contre cette fracture numérique est menée à un double niveau : national – voire le plus souvent local – et international.

Au niveau national, les États adoptent des plans de lutte contre la fracture numérique ayant pour objectifs d'assurer à tous l'égalité d'accès et d'usage à ces technologies. L'accent est prioritairement mis sur l'équipement. Le succès de ces politiques

75. Fonds de solidarité numérique, http://www.dsf-fsn.org/

dépend largement de l'investissement humain d'accompagnement sur le terrain, au plus proche des populations. Le rôle des associations est ici déterminant.

À l'échelle internationale, la fracture numérique est liée à la question du développement économique des pays pauvres et plus rarement à leur développement humain. On retrouve les discours optimistes du déterminisme technologique et la même logique que celle du « transfert de technologie » des riches vers les pauvres d'avant l'apparition des réseaux numériques. La technologie va permettre le développement.

Dans un très intéressant article, Kemly Camacho montre bien comment de l'Unesco au G7, en passant par les déclarations du Sommet mondial des Nations unies sur la société de l'information, la conviction est sans cesse réaffirmée que l'accès et l'usage de ces technologies vont permettre de lutter contre la pauvreté, d'assurer l'éducation pour tous et le développement économique de tous les pays[76] !

En réalité, cette fracture numérique n'est que la parfaite traduction de notre perception du monde et de nos valeurs dominantes[77]. Notre vision de cette société de l'information est ainsi globalisante, uniformisante, technique et économique. Or, il n'y a pas une société de l'information mais « des » sociétés de l'information, de même qu'il y a « des » fractures numériques, entre les pays et au sein même des pays. C'est pourquoi la société de l'information telle qu'évoquée dans la plupart des discours institutionnels reste un enjeu économique et technologique avant d'être un projet politique et culturel.

En règle générale, les politiques publiques, dans ce champ spécifique aux technologies de l'information et de la

76. Kemly Camacho, « Fracture numérique », in *Enjeux de mots, regards multiculturels sur les sociétés de l'information*, Caen, C & F Éditions, 2005, disponible sur http://www.vecam.org/article.php3?id_article=548&nemo=edm

77. Véronique Kleck, *Visions du monde et société de l'information : vers un observatoire des sociétés de la connaissance*, pour l'Agence universitaire francophone et l'INTIF (AUF-INTIF), 2004, disponible sur :
http://grit.agence-revolutions.com/illustrations-6-sept02/obsTSV1.pdf

communication, partent de l'offre technologique et non de la demande sociale [78]. Ainsi, il ne s'agit pas de satisfaire des besoins de populations vivant sur un territoire, mais de tenter d'insérer une technologie donnée, que l'on présuppose utile, dans un corps social, nécessairement solvable, qui aurait des besoins éventuels [79].

L'approche dominante étant technologique et sectorielle, les politiques publiques se définissent principalement à partir d'indicateurs quantitatifs. La question est davantage « combien ? » que « comment ? ».

En outre, le « combien ? » est très généralement orienté vers les infrastructures plutôt que vers les usages. Pour lutter contre la « fracture numérique », les politiques publiques cherchent à équiper un territoire plutôt qu'à promouvoir la richesse de ce dernier. Ainsi, les chiffres et mesures se concentrent sur le nombre d'ordinateurs par nombre d'habitants et le taux de connectivité [80].

Dès lors, si l'on se penche sur le cas du Mali par exemple, nous disposons d'une flagrante traduction de la fracture numérique ! Si le nombre d'ordinateurs constitue le critère clé, un abîme sépare le territoire malien de celui des États-Unis ou de la France. En revanche, si le critère d'évaluation choisi est la diversité linguistique des contenus produits ou la capacité des jeunes d'une population à créer des contenus (par exemple, les contenus produits par la population âgée de moins de 25 ans), dès lors les États-Unis ou la France se retrouvent très loin

78. Nicolas Curien, Pierre Alain Muet, *La société de l'information*, rapport du Conseil d'analyse économique, Paris, La Documentation française, 2004 ; voir en particulier le chapitre 5 sur les politiques gouvernementales, p. 55 (disponible sur http://www.cae.gouv.fr/rapports/dl/47.pdf).
79. L'exemple du phénomène des SMS dans les pays développés en est une parfaite illustration ; *cf.* Laurent Jacquelain, « Les nouveaux pouvoirs de l'Internet de la relation », *in Transversales Sciences & Cultures* n° 5 (disponible sur http://grit.agence-revolutions.com/pilotage/index.html).
80. Raymond Heitzmann, Fabrice Lenseigne et Patrice Roussel, « Mesure statistique de la société de l'information », *in* Nicolas Curien et Pierre Alain Muet, *op. cit.*

derrière certains États africains. Dans le même esprit, si le pourcentage de sites Internet non marchands directement accessibles et utiles à la population par rapport au nombre de sites commerciaux devenait un indicateur, où passerait la ligne de fracture numérique ?

Mais ici encore, l'approche quantitative élémentaire rassure : elle entre en cohérence avec une approche du développement par la voie du marché, du commerce et de la fourniture de biens et services. Cette société de l'information s'intègre ainsi parfaitement dans le commerce international.

– Une fois soulignées les causes économiques de la fracture numérique, on découvre des causes plus profondes à ces inégalités face à la révolution informationnelle. La fracture numérique a avant tout des causes culturelles.

Maintenant que certaines sociétés sont parvenues à un taux d'équipement et d'accès à ces technologies suffisamment élevé, nous le savons avec certitude : l'égalité d'accès est loin d'assurer une égalité d'usage. Dans les communautés connectées à plus de 90 %, il existe de profondes inégalités entre les usagers. Nous ne sommes pas égaux face à la technologie. Notre « quotient informatique », qui pourrait se mesurer par nos capacités de réactivité, d'abstraction, d'interactivité, d'imagination, de partage, d'inventivité, n'est pas identique d'un individu à l'autre. Et ce qui vaut pour les individus, vaut également pour les groupes.

Il est donc indispensable d'élaborer des politiques à dimension sociale et culturelle pour faciliter les apprentissages et l'accès à toutes les opportunités offertes par les réseaux. Et plus important encore reste l'apprentissage d'une culture numérique et de nouvelles formes de socialité.

À ce niveau le Nord ne se distingue pas du Sud : les sociétés dites riches et développées du Nord n'échappent pas elles-mêmes à cette forme moderne de l'exclusion, prolongement d'une autre fracture, sociale celle-là.

Ce sont les plus faibles qui subissent en priorité les effets ravageurs de cette révolution informationnelle. C'est particulièrement vrai dans le monde du travail où grâce à la numérisation et à la robotisation, on peut produire toujours plus avec toujours moins de labeur humain. Aussi les plus pauvres sont-ils ceux qui connaissent l'incompréhension la plus grande face à cette mutation. Leurs craintes sont profondes et sont, comme chez tous les êtres humains, sources de souffrance, d'intolérance et de violence.

Car ici encore, les plus démunis n'ont aucun droit de priorité pour accéder aux réseaux et à leurs potentiels : bien au contraire ! Or, au risque de susciter l'incompréhension, nous considérons qu'il ne peut y avoir de hiérarchie entre les besoins humains tels que la santé, l'habitat et l'éducation tous aussi essentiels. La communication, l'information, la connaissance ne seront jamais des luxes. C'est simultanément que l'individu doit pouvoir accéder à ces biens, car ils sont tous nécessaires à sa survie et interagissent entre eux : la connaissance est au cœur du développement économique et social.

De même que toutes nos sociétés ont intégré la nécessité vitale du « savoir lire », de nouveaux savoirs sollicitant toutes les capacités du cerveau humain vont être tout aussi nécessaires à l'intégration à la vie en société. Si la maîtrise de ces outils est indispensable à la vie en collectivité, il est urgent de s'intéresser en priorité à ceux qui ont déjà les plus grandes difficultés à y vivre.

Dans cette logique, la mobilisation des acteurs locaux au plus proche des populations est essentielle. Elle permet l'émergence de communautés virtuelles locales d'information favorisant une initiation à la logique du fonctionnement en réseau pour développer les échanges de proximité. Il ne s'agit pas seulement d'apprendre à surfer sur Internet et à y trouver l'information recherchée pour satisfaire des besoins individuels. L'apprentissage de l'échange, de la confrontation, du débat et de la construction collective que permettent ces outils renforce les identités locales et facilite la participation. Dans le cadre de cette formation ou de cette éducation à une citoyenneté active, le relais associatif joue un rôle essentiel. Il s'agit de créer les conditions pour que les citoyens soient non seulement participants mais véritablement acteurs dans la ville comme à une échelle plus globale. Être acteur, cela renvoie à l'accès au savoir et donc à l'information, à la responsabilité et au passage à l'acte. Il s'agit alors pour tout individu de devenir producteur d'information et non seulement consommateur et récepteur passif[81].

Il y a donc un choix politique à faire, de façon à privilégier les valeurs qui fondent nos comportements sociaux et les usages qui animent de nouvelles créativités, renforçant le lien social et favorisant des processus d'intelligence collective. C'est dans ce cadre politique que s'inscrit l'ensemble de la réflexion sur l'évolution des systèmes de communication : derrière la participation se profile la question du partage du pouvoir, question qui oblige à repenser l'essence même de l'exercice de ce dernier.

Nouveaux modèles économiques, propriété intellectuelle

Nous savons que l'utilisation des technologies de l'information permet de produire toujours davantage avec toujours moins de labeur humain. Le temps, l'organisation, la nature et le volume du travail ne cessent de se transformer. Mais il en est de même pour la production. Nous sommes passés d'une production matérielle de biens en grande quantité (économie industrielle, production de masse) à une production immatérielle de services et d'intelligence.

81. Véronique Kleck, « Combattre l'exclusion numérique pour une citoyenneté active », *in* Collectif, *L'Idiot du village mondial, les citoyens et la maîtrise des outils de la communication*, Paris, Éditions Charles Léopold Mayer, 2005, http://www.eclm.fr/index3.php ;
http://grit-transversales.org/article.php3?id_article=41

La nouveauté essentielle tient dans le fait que l'information de toute matière – vivante ou inanimée – est numérisable donc stockable et diffusable immédiatement, pour un coût quasi nul et ceci à l'infini. C'est cette production, reproduction et diffusion gratuite, immédiate, en quantité infinie qui bouleversent en profondeur nos économies.

Nos modèles économiques ont toujours privilégié l'échange marchand. Avec l'apparition de la monnaie, le développement de la production de masse et des moyens d'échanges terrestres et aériens, l'échange est devenu exclusivement marchand. Le prix a toujours été déterminé en fonction de l'offre et de la demande. Plus un bien est rare et plus il est cher.

Dans l'économie numérique, tous les biens sont *a priori* en abondance. L'exemple le plus connu concerne la musique, mais cela est vrai pour toute forme de production humaine (livres, films, mais aussi logiciels) et pour toute information numérisable (génome, molécule).

Le troc qui ne pouvait se faire que sur de petites quantités et sur des territoires géographiques limités redevient un modèle florissant sur les réseaux numériques. En privilégiant la coopération, l'enrichissement humain et intellectuel, au détriment de l'enrichissement financier, les réseaux permettent l'échange gratuit de services et de connaissances. On échange une traduction bénévole d'une lettre en anglais contre du soutien scolaire en ligne par exemple.

À la différence d'autres biens ou services, ceux issus de l'information peuvent se donner sans se perdre. Si vous donnez votre veste à un ami, vous n'avez plus de veste. Si vous lui donnez une information, vous continuez à posséder cette information.

Les supports de reproduction et de diffusion étant numériques, il n'est plus nécessaire de devoir acheter un disque pour écouter de la musique. On peut la trouver sur les réseaux, l'acheter ou la copier. Et la transmettre à ses amis dans la minute qui suit. C'est ce que font des milliers d'individus, jeunes ou moins jeunes, mais de plus en plus nombreux, tant pour la musique que pour les livres, les logiciels ou les films. Tout se copie et s'échange. Avec la technique du *peer to peer*, chaque utilisateur du réseau met ses disques à la disposition de tous les autres membres du réseau. La musique s'échange gratuitement, d'un bout du monde à l'autre, entre des personnes qui ne se connaissent pas.

Nous le faisions déjà en copiant nos disques sur des cassettes audio ou en photocopiant nos livres de cours pour les donner à nos collègues étudiants. Mais l'ère numérique nous a fait changer d'échelle et nous confronte à un phénomène totalement nouveau et économiquement révolutionnaire : celui de l'abondance. Nous sommes entrés dans un monde où les biens se multiplient en se partageant.

Selon Pierre Calame de la Fondation Charles Léopold Mayer, cela pourrait constituer une excellente nouvelle car « si on veut assurer du bien-être pour huit milliards d'habitants, considérant que notre planète est un monde fini, les biens qui se divisent en se partageant ne nous le permettront pas. Donc, il faut absolument développer les biens qui se multiplient en se partageant : la connaissance, les savoir-faire et expériences, mais aussi la fête ! Dès lors, la question de la gouvernance de ce genre de biens est au cœur des combats politiques. Qu'il s'agisse des médicaments génériques pour le sida, des logiciels libres, de la mutualisation des semences agricoles, il y a un combat à mener autour des droits de propriété intellectuelle et notre rôle est d'aider à rassembler les acteurs de ces différents champs d'activités : informaticiens, paysans, médecins [82]... »

82. Pour Pierre Calame, l'idéal démocratique réside dans la maîtrise que les sociétés ont de leur destinée. Sans cette maîtrise minimum des sciences et technologies qui bouleversent le monde, la démocratie est tout simplement vidée de son sens. Dans son interview (21 février 2006, www.eclm.fr), il souligne également la montée du scepticisme à l'égard de la science et de la technique et la nécessité de redéfinir le contrat social entre la science et la société. Il développe la question des biens qui se multiplient en se partageant qui pose

Mais la vision de Pierre Calame n'est pas encore largement partagée. Nos économies et nos règles d'échange ont toujours été gouvernées pour gérer des situations de rareté. Dès lors, il semble logique que la première réponse économique et juridique des systèmes en place soit de tout faire pour recréer artificiellement la rareté. Et pour ce faire, l'usage du droit de la propriété intellectuelle permet de restreindre l'accès aux biens abondants[83]. Le droit de la « propriété intellectuelle » regroupe un ensemble de droits : le droit d'auteur, le copyright, le droit des marques et des brevets… Avec l'extension de ces droits, il ne s'agit plus de préserver les intérêts de l'inventeur ni de protéger la création, mais de permettre à des entreprises qui ont acheté ces droits de les exploiter en continuant à tirer profit de la vente de ces créations qui pourraient être échangées soit gratuitement, soit à moindre coût.

Valérie Peugeot décrit précisément les législations, jurisprudences et dispositifs techniques limitant l'accès à ces biens : « En 1998, le Congrès américain a voté la prolongation de la durée du droit d'auteur de 20 ans, sous la pression de Walt Disney, réduisant d'autant le domaine public. Une œuvre est désormais protégée pendant toute la durée de la vie de l'auteur, et 70 ans après sa mort, et lorsqu'il s'agit d'une organisation pour une durée de 75 à 100 ans, législation dont la Cour suprême a confirmé la constitutionnalité en janvier 2003[84].

En 2001, la justice américaine condamne Napster, site d'échange gratuit de musique en ligne, à fermer, ou à passer en

dans des termes nouveaux la question du rapport entre le public et le privé et la question de la gouvernance mondiale. Ingénieur des ponts et chaussées, fonctionnaire au ministère de l'Équipement, praticien de la gouvernance sous ses multiples aspects, Pierre Calame est depuis 1987 le directeur général de la Fondation Charles Léopold Mayer pour le progrès de l'Homme.

83. Jeremy Rifkin, *L'Âge de l'accès : la révolution de la nouvelle économie*, Paris, Presses Pocket, 2002.

84. http://www.wired.com/news/politics/0,1283,57220,00.html

mode marchand, c'est-à-dire à vendre la musique accessible sur son site.

En mai 2001, l'Union européenne adopte une directive intitulée EUCD (European Union Copyright Directive), qui limite drastiquement la possibilité de procéder à des copies privées. En septembre 2003, les majors américaines attaquent en justice les usagers des réseaux dits de *peer to peer*[85].

Fin septembre 2003, l'Union européenne, poussée par les multinationales du logiciel, adopte une législation sur le "brevetage des logiciels". Ces derniers, jusqu'ici protégés par le droit d'auteur, tombent désormais sous un régime qui favorise les grandes entreprises détentrices de portefeuilles de brevets, américaines pour les trois quarts, au mépris des petites et moyennes entreprises, mettant en danger les logiciels libres[86] ».

Ces droits de propriété intellectuelle ne concernent pas seulement les droits d'auteur et la diffusion de la musique ou des films. Le génome d'une plante, la molécule d'un médicament, le code d'un logiciel sont autant d'informations numérisables, reproductibles et diffusables gratuitement. Ainsi un médicament ou la semence d'une céréale pourraient-ils être reproduits et diffusés, autorisant l'espoir de guérir et nourrir l'ensemble de la population. Mais les mêmes questions concernant la « propriété » se posent : comment s'organisent la production, la création, la diffusion, la circulation de ces informations ? Selon quels modèles économiques ? Ces informations sont-elles propriété privée ou bien commun ?

Le cas des médicaments génériques est particulièrement remarquable et révélateur des valeurs qui gouvernent notre monde. Les intérêts économiques l'emportent sur les urgences de santé publique. Dans la lutte contre le sida par exemple, les

85. http://news.com.com/2100-1023_3-5072564.html
86. Valérie Peugeot (coord.), *Pouvoir savoir, le développement face aux biens communs de l'information et à la propriété intellectuelle*, Caen, C & F Éditions, 2005. Sur le logiciel libre, voir par exemple :
http://swpat.ffii.org ou http://www.april.org/

laboratoires de pays tels que l'Inde ou le Brésil produisent des médicaments génériques, au coût, par définition, nettement plus faible. Il serait donc possible de soigner plus de malades à des coûts inférieurs dans ces pays particulièrement touchés par l'épidémie. Mais les laboratoires pharmaceutiques américains détenteurs des formules chimiques composant le médicament originel s'opposent à la production et à l'usage de ces médicaments génériques moins chers. Leurs profits en seraient nettement réduits. Et peu leur importe le nombre de vies en jeu.

On voit bien ici que derrière les négociations des règles du commerce international au sein de l'OMC se posent en réalité des questions de survie de plusieurs millions de personnes. Les exigences de rentabilité financière au profit de quelques-uns l'emportent sur les conditions de vie de beaucoup d'autres.

Dans ce contexte, des mouvements de résistance proposent l'adoption de comportements et pratiques alternatives à cette « propriété » exclusive. Ces mouvements sont particulièrement actifs dans le domaine du logiciel libre. Pour les acteurs du « libre », les droits de propriété intellectuelle ne devraient être accordés qu'à des fins utiles à la société, essentiellement pour encourager la créativité et l'innovation. Ils devraient être régulièrement revus pour permettre leur adéquation à cet objectif[87].

D'une manière plus générale, l'ensemble de ces mouvements considère qu'il est temps de rééquilibrer la donne internationale en élargissant la place des « biens communs de l'information ». La force de proposition de ces acteurs réside dans des réalisations existantes allant « des campagnes couronnées de succès pour l'accès aux médicaments contre le sida, aux publications scientifiques, à l'information génomique et à d'autres bases de données, et à des centaines d'efforts coopératifs innovants pour la création de biens publics, y compris ceux qui nous ont donné

87. Extrait de la déclaration de la société civile au sommet de Genève, http://www.cptech.org/ip/wipo/genevadeclaration.html

Internet, le World Wide Web (la toile), Wikipedia[88], les Creative Commons[89], le système d'exploitation GNU/Linux et d'autres logiciels libres, ainsi que des outils d'éducation à distance et de recherche médicale[90]. »

En dehors de ces propositions d'ores et déjà opérationnelles, la principale revendication de ces mouvements porte sur la réforme de l'OMPI – l'Organisation mondiale sur la propriété intellectuelle. Un groupe de près de 600 ONG et individus[91] a adopté en septembre 2004 la déclaration de Genève. Dans cette déclaration, la proposition d'un agenda du développement et d'un Traité sur l'accès aux connaissances et aux techniques fournit la première occasion véritable de débattre du futur de l'OMPI.

Mais au-delà de ces combats, c'est une autre culture de la production qui émerge à travers cette « culture du libre ».

Un logiciel libre donne la liberté à ses utilisateurs d'exécuter, copier, distribuer, étudier, et surtout modifier et améliorer le logiciel à volonté. Librement mais non pas obligatoirement gratuitement. Car un logiciel libre peut valoir très cher. Non à produire, puisqu'il est le fruit d'une intelligence collective le plus souvent bénévole et passionnée, mais à installer et à adapter précisément aux besoins des utilisateurs. Les entreprises de logiciels libres se rémunèrent non sur la propriété de l'invention – qui par nature est collective et en adaptation permanente – mais sur les services associés à la diffusion et à l'utilisation de ce logiciel.

L'invention et le développement d'un logiciel libre ne sont possibles que par la coopération de tous les membres d'une communauté. C'est la mobilisation d'une intelligence collective qui

88. http://fr.wikipedia.org/wiki/Accueil
89. http://creativecommons.org/
90. Extrait de la déclaration de Genève,
http://www.cptech.org/ip/wipo/genevadeclaration.html ;
http://www.cptech.org/ip/wipo/futurompi.pdf
91. Voir la liste des premiers signataires sur :
http://www.cptech.org/ip/wipo/signatures.html

produit et perfectionne ce bien. Dans cette économie numérique, la coopération l'emporte sur la concurrence. Et cette coopération s'opère en réseau. La motivation première des membres en réseau n'est pas le bénéfice financier attendu mais la reconnaissance de la communauté. Une nouvelle économie fondée sur l'intelligence collective, la collaboration et la reconnaissance est en train de naître.

Liberté, sécurité et vie privée

Un autre défi lancé par les technologies de l'information et de la communication à nos sociétés démocratiques est celui de la menace de nos libertés publiques. C'est la hantise de *Big Brother*.

L'Internet offre un nouvel espace de liberté et un nouveau support d'expression à tous les militants, journalistes, dissidents de tous les pays. Il permet aussi à toute une population de consulter et de produire des informations plus libres ou moins censurées. Il est donc logique que les gouvernements aient mis en œuvre de nouveaux moyens pour encadrer cette nouvelle liberté d'expression en ligne. Les technologies numériques s'avèrent alors simultanément un outil de liberté et un outil de contrôle de ces mêmes libertés.

Les pouvoirs en place ont toujours cherché à contrôler la population de leur territoire et l'information qui pouvait y circuler[92]. La raison officielle justifiant ces mesures de contrôle est la garantie de la sécurité des personnes et du territoire. La raison officieuse est le maintien au pouvoir. Mais avec les technologies de la communication et de l'information, ils ont trouvé un outil leur facilitant grandement la tâche. Depuis plusieurs années les gouvernements mettent en œuvre des moyens de plus en plus importants pour contrôler le réseau. Ils utilisent notamment des technologies de plus en plus sophistiquées de surveillance des communications électroniques. Et le traumatisme de l'attentat

92. Dossier du *Monde diplomatique*,
http://www.monde-diplomatique.fr/dossiers/echelon/

du 11 septembre 2001 à New York a engendré une vague sécuritaire sans précédent. Bien qu'il ait été prouvé que les terroristes n'avaient pas privilégié les réseaux numériques pour l'organisation de l'attentat lui-même, les premières mesures limitant les libertés publiques ont été justifiées par la lutte contre la « cybercriminalité » et le « cyberterrorisme ». L'Europe a suivi les États-Unis avec le traité sur la cybercriminalité du Conseil de l'Europe de 2001[93]. En France, la loi sur la sécurité quotidienne, adoptée en novembre 2001, va dans le même sens.

Dans tous les États, on retrouve cette obsession sécuritaire dont découlent des dispositions légales et des choix budgétaires conséquents.

L'ensemble de ces mesures juridiques se traduit par la légalisation des écoutes téléphoniques, l'accès aux mails et aux correspondances privées, l'obligation faite aux hébergeurs et fournisseurs d'accès de conserver les données et de permettre l'accès à des données personnelles. Et ceci, tant dans les pays qui entendent protéger par tradition historique les libertés individuelles ou collectives que dans les pays où ces libertés n'existent pas. Partout apparaissent soit de nouvelles limitations des libertés soit de nouvelles répressions.

Dans les pays ne reconnaissant ni les droits de l'Homme ni les libertés fondamentales, un nouveau type de dissidence est apparu : la cyberdissidence. Ainsi la Chine a mis en place une répression violente à l'encontre de tout internaute abordant des thèmes tels que la démocratie, les droits de l'Homme, l'indépendance du Tibet ou de Taïwan. À ce jour, quarante-huit « cyberdissidents » sont emprisonnés dans ce pays.

Mais la Chine n'est pas seule à réprimer la liberté d'expression : « Quatorze autres pays peuvent être considérés comme des ennemis de la liberté d'expression sur Internet : l'Arabie saoudite, le Bélarus, la Birmanie, la Corée du Nord, Cuba, l'Iran, la Libye, les Maldives, le Népal, l'Ouzbékistan, la Syrie, la Tunisie,

93. http://conventions.coe.int/Treaty/FR/Treaties/Html/185.html

le Turkménistan, le Viêt-nam. Et d'autres États semblent sur le point de mettre en place le même type de politique liberticide[94].

L'ensemble des pays démocratiques sont concernés par ce combat pour la liberté d'expression en ligne. Tout d'abord parce que Internet est un réseau international, dont la censure et les dysfonctionnements nous affectent tous. Ainsi, défendre la liberté d'un internaute chinois ou cubain, c'est aussi défendre notre propre droit à communiquer. Surtout, ce combat nous concerne parce que ce sont des entreprises basées dans nos démocraties qui ont donné à ces pays les moyens de censurer la Toile et de surveiller les communications électroniques[95]. »

C'est ainsi qu'on apprend que des entreprises telles que Siemens, Yahoo, Cisco Systems, Google, Microsoft ou l'entreprise française Thalès collaborent avec les services de police des pays répressifs. En novembre 2005, Reporters sans frontières (RSF) lançait une campagne pour sensibiliser politiques, médias et investisseurs aux pratiques des sociétés informatiques et Internet en Chine. Cette campagne commence à porter ses fruits. Aux États-Unis comme en Europe, les parlementaires proposent d'adopter une loi qui réglementerait les activités des entreprises dans ce domaine de la sécurité[96].

En février 2006, une proposition de loi (Global Online Freedom Act), qui vise à réguler l'activité des entreprises du secteur de l'Internet lorsqu'elles opèrent dans des pays répressifs, a été déposée au Congrès des États-Unis. Ce texte prévoit par ailleurs la création d'un Bureau de la liberté d'Internet (Office of Global Internet Freedom), dépendant du Département d'État, chargé de promouvoir la liberté d'expression en ligne. Les parlementaires européens pensent suivre cette voie.

94. Voir la carte de Reporters sans frontières sur les trous noirs du web, http://www.rsf.org/rubrique.php3?id_rubrique=272

95. *TemPS réels* n° 90, consultable sur http://www.temps-reels.net/

96. « Sociétés Internet en Chine : le législateur américain intervient ». http://www.novethic.fr/novethic/site/article/index.jsp?id=98416

En juin 2005 s'est tenue à Amsterdam une conférence de l'Organisation pour la sécurité et la coopération en Europe sur la liberté des médias sur l'Internet. Reporters sans frontières et l'OSCE ont présenté six recommandations pour garantir cette liberté[97].

Et pourtant, conjointement, l'Union européenne finance des politiques de recherche en matière de technologies de surveillance et de contrôle. Ainsi, dans un rapport de 2004, on peut lire : « L'Europe doit investir dans une "culture de la sécurité" qui mobilise les forces combinées et relativement inexploitées de l'"industrie de la sécurité" et de la communauté de recherche, afin de relever de manière efficace et innovante les défis actuels et futurs en matière de sécurité[98]. » Deux organisations non gouvernementales européennes, le Transnational Institute et StateWatch, dénoncent cette situation dans un rapport rendu public et intitulé *Arming Big Brother*[99]. « Pour la première fois dans l'histoire de la recherche scientifique européenne, un budget sécuritaire spécifique sera débloqué pour financer un axe "Sécurité et espace" inscrit au menu du septième programme-cadre de l'Union européenne, la feuille de route de la recherche et du développement technologique des vingt-cinq États pour la période 2007-2013. L'enveloppe prévue pour cet axe "Sécurité et espace" s'élève à plus de 2,8 milliards d'euros, soit davantage que pour la recherche dans le secteur de l'énergie (2,2 milliards), de l'environnement (1,9 milliard) ou encore de l'alimentation (1,9 milliard). [...] Fondamentalement, l'Union européenne finance la diversification du "complexe militaro-industriel" vers le secteur très profitable de la sécurité intérieure, explique Ben Hayes, l'auteur du rapport. La militarisation du maintien de

97. www.internet.rsf.org
98. Communication de la Commission européenne, « Vers un programme de promotion de la sécurité européenne par la recherche et la technologie », 2004, http://www.grip.org/bdg/pdf/g4126.pdf
99. Le rapport *Arming Big Brother* est disponible (en anglais) sur http://www.statewatch.org/news/2006/apr/bigbrother.pdf

l'ordre et des contrôles aux frontières n'empêchera pas le crime ou le terrorisme. Elle ne fait rien pour s'attaquer aux racines du problème, alors qu'elle constitue une énorme menace pour les libertés civiles[100]. »

Au niveau des Nations unies, on retrouve cette priorité de la « cybersécurité » dans le discours du secrétaire général, Kofi Annan, lors de l'inauguration de la Journée mondiale de la société de l'information, le 17 mai 2006[101].

Et pourtant des initiatives existent qui entendent promouvoir l'usage de ces technologies au service de la paix. Les activités de ICTs for peace par exemple vont dans ce sens, mais également les jeux vidéo qui entendent promouvoir la résolution pacifique des conflits, tel Peacemaker, ou encore le Camp virtuel de Darfour qui présente le conflit au Soudan[102].

Ces initiatives restent peu nombreuses et le danger va au-delà de l'accès à nos adresses électroniques par les entreprises qui utilisent le spam ou autres messages publicitaires.

Le danger tient à la possibilité de contrôle de tout acte individuel et collectif, et surtout à un changement social considérable : l'acceptation, voire la participation, à ce contrôle.

Le sociologue Denis Duclos, dans un article intitulé « Qui a peur de Big Brother ? », expose l'importance du développement de ces technologies de surveillance – mais en souligne également le caractère fortement faillible – et surtout la transformation du comportement social face à ces mesures de surveillance.

« Dans le seul but d'impressionner, les pouvoirs policiers – publics et privés – ont toujours utilisé les techniques d'avant-

100. David Leloup, « Big Brother prend du poids », *Agoravox*, 3 mai 2006, http://www.agoravox.fr/article.php3?id_article=9341
101. http://portal.unesco.org/ci/fr/ev.php-URL_ID=22024&URL_DO=DO_TOPIC&URL_SECTION=201.html
102. ICT for peace, http://ictforpeace.org/ ;
Peacemaker, http://www.etc.cmu.edu/projects/peacemaker/ ;
Camp Darfur, http://www.campdarfur.org/index.php?title=Main_Page

garde... même lorsqu'elles fonctionnent mal. Il n'est donc pas étonnant qu'ils s'entêtent devant l'échec. Il est plus étrange que les gens eux-mêmes participent au maintien de la croyance. C'est pourtant un phénomène manifeste. Les contrôles dits "biométriques", qui combinent les empreintes digitales classiques et l'identification de divers traits (fond de l'œil, formes de la main) en sont l'exemple. Leur actuelle progression est liée à leur acceptation par le public. Tel le programme Inspass (Immigration and Naturalization Service Passenger Accelerated Service System) qui permet à des "voyageurs fréquents" de ne pas montrer de pièce d'identité entre les aéroports internationaux de Los Angeles, Miami, Newark, New Jersey, New York, Washington, Toronto et Vancouver. Ils reçoivent une carte où la géométrie de leur main a été codée et qui sera scannée aux points de contrôle. Plus de 50000 personnes sont ainsi identifiées volontairement. Ce caractère volontaire est une condition du bon fonctionnement technique. Selon un bureau d'expertise spécialisé : "Les technologies de scanning facial sont presque entièrement incapables d'identifier des sujets non coopérateurs[103]." »

Dans cette même logique, les particuliers adoptent maintenant des systèmes autrefois réservés aux pouvoirs de police ou de surveillance professionnelle. On peut ainsi avec sa webcam (caméra reliée à Internet) surveiller sa maison de campagne ou son hall d'entrée d'immeuble.

Libertés publiques, nouvelle économie, inégalités numériques sont trois des défis les plus cruciaux pour nos sociétés numériques. Mais d'autres questions se posent qui ne sont pas moins importantes.

---

103. Denis Duclos, « Qui a peur de Big Brother ? », *Le Monde diplomatique*, août 2004, consultable sur :
http://www.monde-diplomatique.fr/2004/08/DUCLOS/11493

Droits, diversité, culture et déconnexion

Ce sont celles par exemple qui touchent aux droits de la communication, au laminage des diversités culturelles ou encore à la disparition des langues. Plus de 10 000 langues sont parlées dans le monde. Chacune est porteuse d'une culture et en assure la transmission entre générations ; de même que la diversité des espèces, la diversité des langues et des cultures est menacée par l'hégémonie croissante de certaines d'entre elles, démultipliée par la mise en réseau de la population mondiale.

Un autre défi, plus diffus car moins conscient, est celui de notre déconnexion individuelle et collective, spatiale et temporelle, mais également éthique et mentale.

Ces technologies omniprésentes bouleversent les notions de l'espace et du temps telles qu'elles sont perçues depuis des siècles : ainsi l'espace jusqu'à présent parcouru par les humains eux-mêmes se situe maintenant dans une zone immatérielle et virtuelle traversée par des flux permanents difficiles à apprécier, qui rapproche le lointain et éloigne le proche. Comme l'a expliqué Paul Virilio, durant l'ère où primait l'énergie, les temps locaux épousaient le rythme des saisons, des jours, des modes de vie et des cultures. Nous sommes aujourd'hui dans l'ère de l'instantané permanent, de l'immédiateté. Il y a un temps mondial unique d'images télescopées réelles et de plus en plus virtuelles. Le temps de la réflexion et de la conscience se rétrécit. Quels comportements sociaux cela va-t-il induire ?

Le primat de l'immédiateté et de la virtualité suscite des comportements déconnectés des réalités les plus proches. Des identités nouvelles et virtuelles se créent. Certains comportements de jeunes vivant dans le monde virtuel des jeux vidéo et de la télévision alertent déjà parents et éducateurs.

Ce qui est vrai pour le temps l'est aussi pour l'espace. Comme le souligne Jacques Robin, « les repères spatiaux de l'espace et des territoires qui ont formé l'homme sont escamotés. L'espace vécu, celui de la rue, de la ville ou de la campagne, disparaît. Or le territoire est bien le lieu principal de la construction sociale, le lieu majeur d'articulation entre l'individu et ses échanges avec les autres. C'est là aussi que l'individu fait l'expérience de l'altérité et de la confrontation avec l'autre. Et il n'existe en réalité pas de vraie "politique" qui ne s'inscrive pas dans un territoire. »

Ainsi, face à ces enjeux et à de tels risques, il est essentiel de mesurer les forces en présence et le poids respectif du secteur privé, des puissances publiques, des usagers et du monde dit de la société civile ; tous ces acteurs qui font la société en réseaux. Car si ces technologies confrontent nos sociétés à des risques réels, elles leur offrent également des chances considérables pour le renforcement de la démocratie et de la citoyenneté.

Nous sommes convaincus que l'usage de ces technologies et de ces réseaux par le plus grand nombre sera décisif dans la définition du monde que nous voulons bâtir.

Le politique commence à reprendre ses droits et à donner une signification à cette révolution qui, en réalité, nous conduit à l'essentiel : repenser la question politique, le rapport à soi, à l'autre et au monde, le sens de nos vies.

C'est l'effet boomerang inattendu de cette révolution de l'information : après l'écrasante domination de la technologie et de l'économie, on retrouve l'importance du politique.

Deuxième partie

Le renouveau du politique

Cybernétique [du grec kubernêsis*] : action de gouverner, de diriger*

« Nous le savons : de formidables concentrations industrielles, techniques et financières sont aujourd'hui en place aussi bien dans les entreprises de réseaux que dans les entreprises de contenus et assurent ainsi la domination de l'espace informationnel.

Alors que ces technologies et ces réseaux offrent des moyens d'échange inédits, ici encore, les citoyens sont considérés avant tout comme des consommateurs. Les réseaux les inondent de propositions d'objets et de services. Pourtant, de plus en plus nombreux sont ceux qui parviennent à une certaine maîtrise de ces machines et de leurs contenus, et qui deviennent des "sujets" participant pleinement à la création d'informations et de contenus.

Mais la majorité des individus, face aux nouvelles technologies de l'information, restent impuissants, se demandant comment prendre part à des choix dans un domaine aussi complexe. Car cette participation au contenu et à la vie des réseaux, première étape vers un usage plus politique de ces mêmes réseaux, n'est pas un exercice facile[1]. »

Voilà dix ans que ce texte fondateur de l'association VECAM a été largement diffusé. Il reste d'une étonnante actualité.

1. Déclaration et textes fondateurs de VECAM, *op. cit.*

Les nouvelles technologies nous donnent le pouvoir d'orienter la révolution en cours et de relever les défis que nous venons de décrire. Elles ont l'avantage incomparable de permettre la participation de tous au débat public, d'orienter la décision politique et de rénover la démocratie essoufflée.

Ces technologies de la communication provoquent et suscitent la participation ; de nouveaux « outils » ou techniques apparaissent régulièrement et se combinent les uns aux autres pour créer de nouvelles formes de communication et d'action politique. Dès lors les questions de gouvernance politique de nos communautés humaines trouvent des débuts de réponse et de nouvelles incertitudes. Nos États semblent démunis devant ces bouleversements, mais des expérimentations de renouveau du politique émergent au niveau local et international. Les villes et les régions, rejointes par les mouvements de l'Internet citoyen alliés aux mouvements sociaux, inventent une nouvelle façon de « faire de la politique » et créent un nouveau rapport au politique.

6.
La réappropriation du politique

Une nouvelle organisation du pouvoir politique est en train d'émerger. Une forme inédite de démocratie s'invente sous nos yeux et nous devons participer activement à ce renouveau si nous voulons éloigner le risque de voir un jour apparaître un régime non démocratique.

Un nouveau rapport au pouvoir

Nous ne parlons pas ici d'e-démocratie ou d'e-gouvernement. Nous ne nous intéressons pas prioritairement au vote à distance ou aux services publics en ligne. Il ne faut certes pas minimiser l'importance de la modernisation de ces services, car ils contribuent à redonner confiance en l'État. Mais nous parlons ici du pouvoir. Nous sommes convaincus que nos sociétés numériques produisent un autre rapport au pouvoir politique et que nous ne sommes qu'au début de cette nouvelle étape historique.

Après être longtemps demeurées dans les sombres profondeurs du pouvoir royal – absolu et de droit divin –, nos sociétés ont donné naissance à des systèmes politiques modernes. Il y a de cela à peine deux cents ans. Ces systèmes politiques, dits démocratiques, ont tenté d'assurer la paix sociale par la représentation de tous les intérêts des communautés qui composent nos sociétés. Nos systèmes démocratiques sont nés de valeurs telles que l'égalité entre les hommes, le respect des droits, la liberté et la sécurité, la paix, la justice sociale. Pour concrétiser ces valeurs, on a recherché les méthodes et les outils les plus adéquats. Le pouvoir d'un seul étant devenu intolérable, le pouvoir de tous devait être une utopie réalisable. Pour réaliser ce dessein, de nouveaux concepts ont vu le jour : la délégation, la représentation, la légitimité, la majorité, le vote, la souveraineté, la nation, les mandats délégatifs ou impératifs, etc., autant d'inventions révolutionnaires pour le XVIIIe siècle, que cela soit dans la contestation du pouvoir du roi, représentant de Dieu, ou dans la reconnaissance d'un pouvoir potentiellement délégué à un peuple affamé et analphabète. Ce système d'organisation politique de nos sociétés a constamment évolué à travers les révolutions, les guerres, l'instruction des individus, le brassage des cultures, les modèles de production économiques et les inventions technologiques. Jusqu'à parvenir à un système, certes toujours imparfait et toujours contesté, mais unanimement et consensuellement reconnu comme étant « le pire à l'exception de tous les autres » : la démocratie.

Or ce système d'organisation démocratique du pouvoir est aujourd'hui remis en cause, sous le double impact d'une mondialisation libérale profondément inégalitaire et d'une révolution technologique sans véritable précédent. La première met à mal le rôle régulateur de l'État au service de l'intérêt général. La seconde questionne les valeurs et la place de l'humain sur terre, tout en donnant aux citoyens les moyens d'orienter leur destin.

De nouvelles formes du politique émergent, mais elles rencontrent de lourdes réticences, car elles remettent en cause des règles existantes de gouvernance et d'organisation du pouvoir. Cette mutation d'un système à un autre a des conséquences bien réelles et dangereuses qui obligent à l'action et à l'inventivité. Les nouveaux outils de communication, d'expression et d'action sont là qui correspondent aux besoins de l'action militante et politique.

Ces outils numériques bouleversent la relation entre citoyen et politique. De même que dans l'univers des médias les monopoles sont contestés sous l'effet de l'irruption spontanée des médias citoyens ou, selon l'expression de Joël de Rosnay et de Carlo Revelli, des « médias des masses[2] » ; de même dans l'univers politique, les monopoles des partis et de la « classe politique » sont potentiellement remis en cause. Les nouveaux outils de la communication donnent à chacun le pouvoir de devenir créateur, expert, militant, représentant de communautés les plus diverses, diffuseurs d'alternatives politiques à la portée bien plus grande que celles émises faiblement par nos partis et nos élus.

L'exercice du pouvoir se répand, devient diffus et éclaté. Tout citoyen de la communauté est, dans l'absolu, détenteur d'une parcelle du pouvoir politique. Le numérique nous permet de revenir aux fondamentaux de la révolution des Lumières : la souveraineté appartient au peuple.

Les ingrédients d'une mutation profonde sont réunis, tout au moins dans nos sociétés numériques du Nord : un réseau omniprésent, un niveau d'éducation permettant la conception et le traitement de l'information, un accroissement des savoirs et expertises de toute nature et un nombre de citoyens connectés en croissance rapide et irréductible. De la combinaison de ces quatre éléments naît un nouveau rapport au pouvoir et potentiellement un nouveau système de régulation politique. Quelque chose d'assez éloigné de nos systèmes actuels où ceux qui détiennent le pouvoir tirent leur légitimité d'un vote et des capacités qu'on leur prête à traiter les lourdes questions auxquelles nos sociétés sont confrontées.

L'exercice du pouvoir politique deviendrait linéaire, sans rupture, sans lieu, sans espace attribué. Le peuple « éclairé » aurait potentiellement la capacité de participer au débat et à la décision politique. Sans moment déterminé (le calendrier électoral) et espace attribué (la circonscription et le bureau de vote), la

2. Joël de Rosnay, Carlo Revelli, *La Révolte du pronetariat. Des mass média aux médias des masses*, Paris, Fayard, 2006.

démocratie deviendrait continue. L'utopie du pouvoir de tous pour tous et par tous est de nouveau à l'ordre du jour !

Cette « démocratie permanente » peut s'étendre à diverses échelles et modifier la cartographie des territoires politiques. Dans l'ancien système, les décisions étaient prises par des représentants, élus par une population inscrite en tant qu'électeurs sur un territoire délimité. Aujourd'hui, les frontières des territoires politiques éclatent et les représentants de ces territoires voient leur légitimité reculer en fonction de leur capacité à répondre aux besoins des populations.

Leda Guidi, qui travaille depuis de nombreuses années sur la participation des habitants au sein de la municipalité de Bologne, parle, quant à elle, d'une démocratie en continu : « Aujourd'hui nos démocraties représentatives s'essoufflent et ne sont plus suffisantes. Il faut renforcer les modalités d'expression de cette démocratie pour aller vers une sorte de démocratie continue. Une démocratie délibérative qui soit complémentaire de la démocratie représentative. Il faut alimenter l'espace public d'une élection à une autre, inciter à la participation au processus délibératif et décisionnel. Les modalités d'exercice du pouvoir peuvent varier en fonction de la nature de la décision, de son contenu, du territoire sur lequel elle va s'appliquer, etc. Je crois vraiment à une pratique continue de l'exercice démocratique du pouvoir. Même si cela peut être très exigeant[3] ! »

De la même façon que dans nos modèles économiques, l'économie de l'abondance succède à l'économie de la rareté, dans le domaine du politique, on passe du pouvoir de quelques-uns au pouvoir potentiel de tous.

---

3. Dans son interview (25 novembre 2005, www.eclm.fr), elle présente un exemple d'urbanisme participatif mené à Bologne où de véritables écoles de la démocratie ont pu apparaître. Leda Guidi est responsable du réseau citoyen Iperbole de la municipalité de Bologne (Italie). C'est une experte et consultante internationalement reconnue sur les thèmes de la communication publique et de l'e-gouvernance.

Ici aussi, nous allons être confrontés à l'abondance de la participation citoyenne. Contrairement à ce que nous pourrions penser, ceci est loin d'être positif car nous ne savons pas aujourd'hui comment réguler, intégrer, gérer cette participation. Nous risquons autant d'aller vers un renforcement de la démocratie que vers son affaiblissement. L'anarchie ou le despotisme ne sont pas des scénarios impossibles.

L'État ne semble pas pouvoir jouer les arbitres au sein de cet espace public réanimé. Dans un contexte de mondialisation libérale, l'État apparaît affaibli dans son rôle de gardien de l'intérêt général, et sa légitimité est elle-même remise en cause. À quoi sert l'État ? Les citoyens, les groupes d'intérêts, les mouvements sociaux prennent les décisions les plus urgentes, passant outre la représentation nationale dont l'impuissance remet en cause la légitimité.

Si les nouveaux outils numériques donnent à chacun le pouvoir potentiel de devenir journaliste, artiste, éditeur ou commerçant, permettent-ils également à chacun de devenir un représentant légitime d'une communauté d'intérêts et d'agir au nom du bien commun ?

C'est la question de la confiance dans les élus et l'État qui est ici posée. De la même manière que la perte de crédibilité des médias a donné naissance à des médias citoyens, la perte de confiance dans nos représentants politiques et dans nos institutions publiques va-t-elle se traduire par l'émergence de rassemblements citoyens, militants, à même de préserver l'intérêt général ?

Aujourd'hui, nous n'en sommes qu'aux balbutiements de cette révolution du politique. Nous observons des tâtonnements et des expérimentations à divers niveaux, en particulier aux niveaux local et international. Dans ce bouillonnement de laboratoire du politique, quelque chose de neuf est en train d'émerger. À la base de ce renouveau, on trouve la participation.

La participation : l'apprentissage par le net

Ce que nous appelons « participation » est le fait, pour un individu ou un groupe, de prendre part à l'organisation de la cité – au sens de lieu de vie collective –, à la conception de cette organisation, à son contrôle et à sa mise en œuvre.

Cette forme de citoyenneté active a toujours été un exercice difficile. Passer de la sphère privée à la sphère publique n'est pas aisé. Il faut soit en avoir le goût et disposer d'une nature altruiste, soit en éprouver la nécessité. Dans les deux cas, cette « citoyenneté active » s'acquiert. Il y a de tout temps une légère utopie à espérer que les habitants aient envie de participer au débat public, de devenir acteurs de leur propre devenir ; il y a une certaine naïveté à penser que les dispositifs proposés leur conviennent et qu'ils vont s'y engager. Car la participation politique n'est pas innée. Elle s'apprend. Et nous constatons que la pratique des réseaux numériques a des vertus pédagogiques.

Le fait que les activités proprement politiques aient été exercées pendant de longs siècles par des élites souvent héréditaires ne favorise pas une plus grande participation. D'une part, les compétences politiques ne sont pas transmises et elles sont considérées comme difficiles à acquérir. D'autre part, ce long monopole du pouvoir se traduit par un sentiment d'incompétence et un complexe d'infériorité face à « la politique », largement partagé au sein de la population.

Comme le souligne Michel Briand, maire adjoint de Brest, « l'expression citoyenne ne va pas de soi, elle implique aussi un parcours, un accompagnement, un regard critique, une reconnaissance individuelle et collective des personnes. Le chemin est long pour que l'expression citoyenne soit un droit effectif comme le vote. Un chemin qui passe d'abord par l'apprentissage, la formation à l'expression et par une mutation culturelle : l'intériorisation par le plus grand nombre du fait que cette expression est non seulement un droit mais aussi un ressort de transformation sociale[4]. »

La nouveauté est que l'Internet par ses modes d'échange et de communication (sites interactifs et d'autopublication, courriers électroniques, forums, blogs, messages instantanés…), de même que les téléphones mobiles semblent participer activement à cette « éducation » à la participation. Ces nouveaux réseaux numériques suscitent des sentiments d'appartenance à une communauté et un certain sens du collectif en développant la connaissance et la curiosité, ou plus simplement l'envie de/du savoir. Sur les réseaux s'entremêlent de manière permanente la sphère privée et la sphère publique, entre intérêts individuels et action collective. Sur le net, les besoins de se connaître, d'échanger, la volonté de construire du collectif ou de « faire nombre » sont permanents. Or l'échange, l'information, la curiosité, la communauté sont les ingrédients indispensables de la participation.

La première qualité du web est donc avant tout psychologique : il permet à tout le monde de prendre la parole. L'Internet est un média égalitaire même si sa pratique est tout autre.

La participation passe par l'expression publique et les formes possibles de ces prises de parole s'élargissent avec le numérique. Des outils tel que le blog participent à une meilleure connaissance de soi, car l'écriture est révélatrice de sa propre pensée et permet de décrypter son environnement. Les forums de débats, les blogs, les messages instantanés pallient la carence de débat public. Ils produisent de l'interactivité, de la diversité de contenu, de la liberté de parole, et répondent aux besoins de communication et d'échanges sur les grands enjeux de nos sociétés, enjeux absents du débat politique actuel ou confisqués par quelques-uns.

Les formes de communication s'adaptent même au public qui entend s'exprimer en fonction de ses besoins et de ses aptitudes :

4. Michel Briand, « Expression citoyenne », *op. cit.*

les jeunes veulent communiquer au sein de leur tribu, l'écrivain entend éditer son œuvre et la diffuser au plus grand nombre… Les outils proposés peuvent être détournés de leurs usages premiers : le téléphone mobile devient un instrument d'organisation éclair de manifestations de rue ou un outil précieux dans les campagnes électorales. Ces supports s'adaptent aux diverses formes de l'expression publique et participent à éduquer une citoyenneté active.

Progressivement, des formes de communication nouvelles, invisibles à l'œil mais bien réelles, émergent sur ces réseaux. Par cette conjonction de l'affaiblissement du politique et de l'expansion des outils numériques, les citoyens interviennent dans le débat politique et prennent position sur la manière dont ils sont gouvernés. On voit se constituer des identités virtuelles de groupes militants et contestataires sur les réseaux.

Le web a donc des vertus formatrices. Il effectue un lent et patient travail d'information et de prise de conscience. Il peut donner du sens à ces concepts abstraits que sont la société, la politique ou l'économie en les contextualisant et en leur donnant un contenu concret. L'information circulant sur les réseaux suscite des sentiments de rage, de doute, de colère qui sont autant de terreaux favorables à l'action. Le net nourrit l'indignation indispensable à tout mouvement contestataire. Mais il peut aussi orienter l'initiative, permettre de trouver l'autre ou les autres qui pensent de manière similaire, de créer des communautés d'intérêt puis d'action. Et ainsi de construire le lien entre disposition individuelle et action collective. Le net produit un « être au monde » potentiellement politique, un « éveil », une politisation « décrite alternativement comme une conversion à un regard lucide sur le monde et comme la prise de conscience de la capacité à le changer[5]. »

---

5. Pascal Ménoret, « Le cheikh, l'électeur et le SMS, logiques électorales et mobilisation islamiques en Arabie saoudite », © Oumma.com, janvier 2006, http://oumma.com/article.php3?id_article=1870 et http://oumma.com/article.php3?id_article=1877

Certes, on ne devient pas citoyen actif aussi facilement qu'on peut devenir blogueur. Les réseaux restent avant tout des outils de consommation, de service et, au mieux, d'accès à la connaissance, encore rarement perçus comme leviers d'une citoyenneté active. Mais un changement s'opère sous nos yeux. Il semble en effet qu'un nombre croissant d'individus voient dans l'accès et l'usage des réseaux numériques des moyens pour résoudre des problèmes très concrets de leur quotidien.

Dans cette dynamique, il ne faut pas mésestimer la socialisation politique des jeunes, en marge du système éducatif, sur les réseaux. Les jeunes générations sont en effet les premiers utilisateurs du net. Les jeux vidéo en particulier, mais également tous les autres supports et formes de communication totalement intégrés dans leurs quotidiens, développent des qualités utiles à la participation politique. Celle-ci peut entraîner une accumulation d'un capital militant et de dispositions pouvant être réinvestis dans le jeu politique : curiosité, débat, argumentation, rapidité, intelligence collective mais aussi mensonge, simulation et dissimulation.

Ce « capital citoyen » est susceptible d'être converti en un paisible vote ou en une violente opposition. Cette alternative dépendra du pouvoir en place : un pouvoir violent engendrera une opposition violente. Face au désarroi des jeunes électeurs, l'obsession sécuritaire et les sentiments anti-jeunes qui s'emparent de nos élites économiques et sociales provoquent colère et mépris au sein d'une population qui se sent rejetée. Et ce phénomène n'est pas propre à la France qui a connu à l'automne 2005 et au printemps 2006 des manifestations massives et violentes des jeunes générations.

Notre hypothèse est donc que le net constitue un espace unique d'acquisition d'aptitudes politiques, de capacités de communication, d'un sentiment de légitimité et d'attitudes proprement militantes. L'Internet joue son rôle de formation au politique. On y apprend au sein d'une communauté le vocabulaire, les acteurs du champ politique, les idéologies, les idées, qu'on peut s'approprier, critiquer, débattre, émettre, rédiger, justifier, admettre, résoudre…

Quelque chose est en train de changer. Comme nous le disions dans la déclaration fondatrice de VECAM en 1995 : « Jusqu'à présent le citoyen était considéré comme un usager, un consommateur, quelqu'un qui va bénéficier des efforts des ingénieurs, des commerçants et des politiques pour lui préparer le meilleur des mondes. À lui de consommer. À lui "d'user" – d'où le terme "usager" – des PTT, de la SNCF, de tous les grands systèmes qui sont en place pour nous aider à communiquer, à nous transporter. Avec, derrière, toute la marchandisation des produits qui font notre vie au quotidien.

Ceci est précisément en train de changer. Pour la première fois, l'usager a la possibilité de devenir un créateur, un distributeur, un producteur, un vendeur de ses propres produits de création. Avec un ordinateur, il peut se connecter et créer des œuvres textuelles, musicales, artistiques, pédagogiques ; les faire connaître sur les réseaux et éventuellement les commercialiser[6]. »

Un des exemples les plus révélateurs de ce « changement » se retrouve dans l'univers des médias.

De nouveaux médias

L'Internet offre un outil de publication accessible à moindre frais et encore libre d'accès et d'usage, permettant des alternatives aux pratiques médiatiques des monopoles. Un certain nombre de médias, alternatifs, activistes, citoyens, ont vu le jour ces dernières années. Des radios communautaires aux webzines (magazines sur Internet), en passant par les vidéos et télévisions

6. Déclaration et textes fondateurs de VECAM, *op. cit.*

citoyennes. Comme l'analyse Dominique Cardon, chercheur au sein de France Telecom, « les médias alternatifs, comme les dispositifs média-activistes (Indymedia, CMAQ, Samizdat, Attac-info...), les sites de mutualisation des productions de différentes rédactions (Mediasol, alternet...) sont construits autour des principes de coopération dans la production des informations et dans la libération du droit de parole accordé sans restrictions à tous les demandeurs [7]. »

Aux côtés de ces médias alternatifs et activistes, on retrouve tant les médias communautaires que les réseaux de l'Internet citoyen.

Les médias communautaires sont des mouvements nés dès les années 1960 pour défendre l'accès et l'usage de tous les médias – radios, télévisions, vidéos, presse – aux communautés, le plus souvent locales : femmes, jeunes, quartiers, villes, minorités culturelles... Ce sont les radios libres, les télévisions locales ou de quartier.

Ces médias ont été rejoints à la fin des années 1980 et au début des années 1990 par les réseaux de l'Internet citoyen. Un ensemble de communautés locales qui, de par le monde, a travaillé à l'appropriation et à la maîtrise sociale des nouveaux moyens de communication. Des freenets aux réseaux communautaires (ou *community networks*), des rapprochements vont s'effectuer tant avec les mouvements pacifistes, écologiques, féministes et de droits humains (PeaceNet, EcoNet, WomenNet...) qu'avec les préoccupations du local et du communautaire [8].

7. Dominique Cardon et Fabien Granjon, « Peut-on se libérer des formes médiatiques ? Le mouvement alter-mondialisation et l'Internet », *Mouvements*, 25, janvier-février 2003.
8. Valérie Peugeot (coord.), *Vecam, réseaux humains, réseaux électroniques*, Paris, Éditions Charles Léopold Mayer, 2001.

Aujourd'hui, un phénomène de fond vient compléter cette évolution ; l'entrée dans la société en réseaux est caractérisée par le passage d'une logique de médias diffusés (télévisions, radios, presse...) à une logique de médias distribués grâce auxquels chaque individu est potentiellement créateur et diffuseur de contenus via le net. Dans la foulée, de nouveaux outils (site en écriture interactive, blogs, Wikipedia, supports mobiles...), renforcés par des innovations juridiques (licences de contenus ouverts de type *creative commons*), sont venus encourager l'autoproduction de contenus. Pour une génération chaque jour plus nombreuse (création de dizaines de milliers de nouveaux blogs par jour !), ces outils deviennent aussi naturels que l'étaient le papier et le crayon à la génération précédente. La réalité semble en passe de rattraper le rêve d'une communication pour et par tous[9].

Cette appropriation sociale des médias devrait s'étendre à l'ensemble des populations du monde et permettre la victoire de la diversité et du pluralisme sur les logiques de monopole et de domination.

Car nous le savons, la communication, l'information, les médias sont au cœur des luttes sociales. L'ensemble des médias – presse, radios, télévisions – ont toujours joué un rôle de levier puissant pour les mouvements qui tentent de promouvoir des alternatives aux logiques dominantes. Dans une perspective historique, médias et luttes sociales ont toujours été associés. L'information ou la communication ont été à la fois instruments et objets des luttes. Dès le XIXe siècle, les mouvements ouvriers se battaient pour la liberté d'expression et d'association. Ils entendaient pouvoir concevoir et diffuser librement une presse, que l'on ne disait pas encore syndicale, pour défendre leurs intérêts et dénoncer les injustices du « régime bourgeois ». Médias et information ont toujours été associés au « pouvoir » ; encore

9. *Transversales Sciences & Culture*, avril 2006, http://grit-transversales.org/article.php3?id_article=93

aujourd'hui, des gouvernements, de démocraties comme de dictatures, partout dans le monde, musellent les opinions et contrôlent les médias pour interdire toute contestation de leur pouvoir.

La nouveauté tient au fait que la *révolution Internet* a décuplé les deux « rôles » des médias, outils de domination et outils de libération. Nous assistons en effet à un double mouvement : d'un côté, la concentration monopolistique des médias est de plus en plus forte et les diversités d'opinions de plus en plus faibles. Et d'un autre, nous constatons une explosion des expressions de toute nature et sur tout sujet, résultat d'une appropriation sociale des réseaux numériques.

Car comme le confirme Manuel Castells, « le pouvoir dans toutes les sociétés a toujours été fondé sur la capacité de contrôle de l'information et de la communication. Et ce contrôle passait par celui des moyens de communication de masse contrôlés par le gouvernement ou le monde des affaires, et en général, comme c'est le cas aujourd'hui, par une combinaison des deux. Mais cela est terminé ! Cette situation de contrôle étatique ou privatiste de l'information et de la communication est appelée à disparaître [10]. »

Mais encore faut-il que l'ensemble des individus soient dotés des capacités réelles nécessaires à une participation constructive.

Bien utilisées, les technologies de l'information permettent de tirer la participation des citoyens vers le haut, de donner une réalité à une citoyenneté plus active. Nous le voyons déjà au niveau local, dans la ville, comme à l'international, au sein du système onusien. À ces deux échelles, la participation se traduit de façons diverses qui vont de la possibilité d'émettre et de diffuser de l'information, en parallèle avec les « autorités », jusqu'à la véritable co-décision, en passant par la consultation et la concertation.

10. Interview de Manuel Castells, 10 avril 2006, www.eclm.fr

Ces modalités de participation rendues possibles par certaines technologies ne seront pas l'unique remède à l'essoufflement de nos démocraties. Si l'accompagnement ne se fait pas, si la formation au traitement de l'information est insuffisante, les citoyens peuvent se trouver transformés en consommateurs électroniques sondés en temps réel et sur tout.

Nous ne dirons jamais assez l'importance de l'éducation, condition indispensable pour que l'homme appréhende mieux son avenir, et ceci indépendamment de toute technologie. C'est ce que souligne Éric Favey, ancien président de VECAM et secrétaire général de la Ligue de l'Enseignement en France : « Nous sommes dans un état d'avancement démocratique pour lequel nous ne sommes pas complètement outillés. Notre démocratie nous permet davantage de satisfaire des intérêts individuels que de trouver et de fabriquer des solutions collectives. Et je pense que nous n'avons pas d'autre hypothèse aujourd'hui que de travailler simultanément sur la qualification des personnes et sur le maintien de tout ce qui fait du sens commun. Pour reprendre une expression d'Edgar Morin, on devrait être à la fois solitaire et solidaire. Je dirais pour ma part : autonome et solidaire. Dans l'état de sophistication démocratique dans lequel nous vivons actuellement, nous avons sous-estimé la nécessité de l'édification de tout ce qui permet de faire reculer des préjugés, d'autant plus importante avec l'ouverture sur d'autres cultures, et de construire mais surtout de faire usage de la parole [11]. »

Si l'homme possède les facultés intellectuelles nécessaires (analyse, traitement, mémorisation de l'information), les réseaux numériques seront une « source quasi inépuisable d'enrichissement possible des connaissances humaines, une stimulation de l'imagination créatrice et de l'initiative de chacun-e, une aide possible à la pensée car l'ordinateur fait découvrir le champ de l'aléatoire qui est la source du libre arbitre. Enfin, c'est une

11. Interview d'Éric Favey, 22 décembre 2005, www.eclm.fr

souplesse toute nouvelle pour les possibilités pédagogiques, notamment grâce à la simulation, pourvu qu'elles préparent à une connaissance ouverte, complexe et transdisciplinaire. Sur les sociétés humaines, ces nouvelles technologies facilitent des mutations comportementales formidables de l'homme en société, capables de conduire à son épanouissement. Ainsi, les activités relationnelles, les activités citoyennes peuvent s'en trouver accélérées. À travers les réseaux, il y a naissance possible d'une intelligence ou d'une connaissance collective[12]. »

On comprend dès lors toute l'importance de favoriser une réelle appropriation sociale et politique de ces technologies, qui passe tant par l'école, la formation et l'éducation, que par la confiance dans l'État, fondements d'un renouveau démocratique. Car dès à présent, les outils numériques ont investi le champ politique et suscitent de nouvelles pratiques.

---

12. Déclarations et textes fondateurs de VECAM, *op. cit.*

7.
Nouveaux outils, nouvelles pratiques politiques

Ces vingt dernières années ont vu émerger sur la scène politique de nouveaux outils de communication, d'information et de participation politique. Deux communautés s'emparent de ces nouveaux moyens et inventent de nouveaux comportements, tant dans la communication que dans la consultation, la confrontation, la revendication. Ce qui rassemble ces deux groupes d'usagers, c'est l'exercice du pouvoir. Le premier groupe est détenteur d'un pouvoir institué – politiques et institutions en place, « au pouvoir » – aujourd'hui en perte de légitimité. Le second groupe exerce un pouvoir de diverse nature (expertise, information, contestation), mais grandissant et en voie de reconnaissance. Ce sont les mouvements sociaux, militants et multiples acteurs qui envahissent l'espace public.

Lorsque nous parlons des outils numériques que ces communautés utilisent, nous faisons référence simultanément aux trois aspects des moyens de communication et de socialisation : les supports, les logiciels et les usages. Tous sont interconnectables les uns aux autres.

Concernant les supports, c'est la règle du tout en un : le même objet est à la fois ordinateur, agenda électronique, téléphone portable, GPS, console de jeux... et nous savons que très prochainement tout objet doté d'une puce électronique sera potentiellement nœud du réseau et support de réception/diffusion.

Ces supports intègrent des technologies (sans fil, bluetooth, rss...) qui utilisent textes, sons, images permettant l'invention continuelle de nouvelles formes de communication. Quant aux usages, tous les aspects de la vie humaine et de nos gestes quotidiens sont concernés.

Nous sommes aujourd'hui à un moment fascinant de notre histoire : celui où s'opère la conjonction des supports, des logiciels et des usages. Et c'est véritablement lorsque cette conjonction permettra la fluidité permanente de toute communication que s'opèrera le changement culturel véritable. Mais, d'ores et déjà, de nouvelles formes de communication et de nouveaux moyens numériques sont à la disposition des acteurs politiques.

La variété du net : sites, blogs, wiki...

On dénombre en 2005 plus de 60 millions de sites Internet dans le monde. « 60 442 655 exactement et ce, neuf mois seulement après le passage des 50 millions. Certes, le rythme de progression est un peu réduit par rapport à ce que l'on a connu, mais il reste toujours élevé. Neuf mois pour ajouter dix millions de sites, le rythme reste frénétique. Pendant l'année 2000, année fatidique qui connaît la chute brutale des valeurs technologiques, le nombre de sites a doublé, en passant de 10 à 20 millions en sept mois seulement[13]. »

Quant à l'aspect technique, l'Internet a fait évoluer le monde de l'informatique en permettant de nouveaux modèles de développement de logiciels. En facilitant le développement des

13. Rapport mensuel de Netcraft, mars 2005, http://www.itrmanager.com/article.php?oid=36898

logiciels libres, le réseau a donné l'occasion à ces produits de s'imposer face aux produits commerciaux[14].

Les sites Internet ont évolué ces dernières années vers une plus grande simplicité d'utilisation. Après les grands débats sur les interfaces et autre navigation facilitée, le monde de l'Internet est entré dans une nouvelle dimension : des logiciels d'écriture partagée ou interactive, tel SPIP, ont permis à de nombreux utilisateurs de mettre du contenu en ligne sans passer par les services d'un *webmaster*.

Des technologies tel le wiki sont apparues. Le nom wiki viendrait du terme hawaiien *wiki wiki*, qui signifie « rapide » ou « informel ». « Un wiki est un site web dynamique permettant à tout individu d'en modifier les pages à volonté. Il permet non seulement de communiquer et diffuser des informations rapidement mais de structurer cette information pour permettre d'y naviguer commodément. Un wiki peut être vu comme un type particulier de blog (ou weblog) mais la différence principale tient au fait qu'un wiki est ouvert à la modification par ses visiteurs contrairement à la plupart des blogs qui restreignent la modification à son auteur ou à un nombre limité de personnes autorisées. Aussi par définition, un wiki est nécessairement le fruit d'un travail collaboratif entre les visiteurs, sans qu'il soit forcément nécessaire que son créateur ou hébergeur en assure lui-même la maintenance (même s'il doit veiller à ce que le wiki ne s'écarte pas des sujets pour lesquels il a été créé)[15]. »

C'est la révolution essentielle des dernières années sur le réseau Internet : l'écriture interactive ne cesse de se démocratiser et de se simplifier.

14. C'est ainsi que le serveur Apache de la fondation éponyme « motorise » 40 millions de sites Web, soit plus de deux sites sur trois dans le monde, loin devant Microsoft et Sun.
15. http://fr.wikipedia.org/wiki

Les blogs

D'un phénomène confidentiel réservé à quelques-uns, on compte maintenant 60 millions de blogs dans le monde et surtout, certains estiment que 40 000 nouveaux blogs sont créés chaque jour. Même si on sait que la plupart ont une existence éphémère, le nombre reste impressionnant[16].

Le blog vient d'une contraction du mot weblog : *web* pour « réseau » et *log* pour « se connecter ». On se connecte donc sur le réseau. Le plus important n'est pas dans la capacité technologique offerte, mais réside dans l'appropriation de ce possible : un blog n'est rien d'autre qu'un site Internet, mais là où tout bascule, c'est que chacun peut le créer par lui-même et y mettre du contenu sans intervention d'un spécialiste du net.

Tout le monde devient ainsi un *webmaster* potentiel, fonction regardée comme une expertise profondément technique, il y a encore peu de temps. Les blogs permettent de renouer avec les valeurs fondatrices – et utopiques – du net, celles de liberté et d'égalité !

Les blogs ont réellement émergé sur la scène publique suite à l'attaque du World Trade Center le 11 septembre 2001 et à la guerre en Irak en mars 2002. Le fait que ce phénomène soit né dans une société américaine culturellement formée aux médias, dont le taux de pénétration de l'Internet est le plus élevé du monde, n'est pas anodin. Car les blogs sont d'abord apparus comme outils de contre-pouvoir face aux grands médias exerçant un réel monopole sur l'information. Les Américains, qui considèrent le mensonge comme une haute trahison de la part de leurs médias et/ou de leurs représentants politiques, ont réellement voulu savoir. Des blogs d'information ont donc fait irruption dans l'actualité pour corriger les informations de la presse traditionnelle ou simplement les compléter.

Depuis, ils ont été utilisés par les journalistes eux-mêmes, qui y voient un moyen d'exercer réellement leur métier en

16. http://www.sifry.com/alerts/archives/000299.html

retrouvant une certaine liberté d'expression. Puis les grands quotidiens et télévisions ont directement hébergé des blogs et ont offert la possibilité d'en créer sur leurs pages. Désormais, en dehors des médias, de nombreux prestataires donnent la possibilité de créer gratuitement et immédiatement un blog. La procédure est vraiment des plus simples. C'est le cas par exemple de Google avec « blogger » qui séduit un nombre toujours plus grand d'internautes ou encore de U.Blog[17].

Bien évidemment chaque blogueur ne devient pas pour autant journaliste, métier exigeant qui ne s'improvise pas. Mais ce mode d'expression publique libre et planétaire oblige les journalistes à plus de rigueur et de transparence. Ce qui ne peut être que positif pour le fonctionnement démocratique de nos sociétés.

Un exemple intéressant, au croisement entre médias et politique, est l'expérience menée par les supporters d'Howard Dean, candidat à l'investiture démocrate aux élections américaines de 2004. Ces militants ont lancé avec succès la campagne « adoptez un journaliste ». Il convenait de choisir un journaliste et de relire et réagir jour après jour à ses articles, en vérifiant tous les faits mentionnés. Cette démarche présentait l'énorme avantage de mettre l'accent sur le libre arbitre de l'électeur et de le rendre acteur, voire responsable, de la bonne qualité du débat démocratique dans son pays. Son principal inconvénient était de brouiller l'information. On ne savait pas qui des journalistes ou des militants disaient le vrai.

Une des critiques récurrentes faite aux blogs porte sur la fiabilité de leurs contenus. Or il faut savoir que le fonctionnement même des blogs accroît la crédibilité de l'information au fil du travail d'échange et de validation entre blogs. Les blogueurs vérifient l'information et seuls les articles jugés les plus sérieux sont les plus lus et les plus cités. Il existe sur le net un phénomène d'autoévaluation de l'information et des contenus par

17. http://googleblog.blogspot.com/ ou http://www.u-blog.net/site

toute une communauté qui déploie ses propres règles et ses propres valeurs.

Et pour s'y retrouver dans cet océan de blogs, des services, commerciaux ou non, se mettent en place, tel mediaTic dont la communauté bénévole de blogueurs tient à jour l'actualité du blog et des blogs[18]. Dans le domaine commercial, on retrouve des outils tels que Technorati[19], moteur de recherche des blogs, ou blogolist qui propose des index, ou encore Blogdex, annuaire des blogs francophones[20].

Dans la sphère politique, il y a une réelle nécessité d'appréhender le phénomène de cette libre expression, car si les blogs naissent dans la sphère privée, ils s'immiscent constamment dans l'espace public. Les frontières entre le dedans et le dehors, le privé et le public, l'individu et la communauté tendent à s'estomper. Il y a accroissement de la porosité entre ces univers du fait de l'expansion de ces espaces publics médiatiques, potentiellement politiques. Avec les blogs, on observe qu'à partir d'un usage individuel, se traduisant par un contenu parfois très intime (journal intime, photos, humeur…), on évolue progressivement vers une interconnexion qui relie les blogs entre eux, puis vers la sphère publique. Ici encore, nous sommes en présence d'un outil potentiel d'entraînement à l'expression.

On ne peut faire comme si ces blogs n'existaient pas ; or c'est l'attitude qu'adoptent la plupart des élus d'une population en voie de « bloguérisation » aiguë ! Pour le représentant politique, utiliser un blog peut lui permettre de bénéficier d'une excellente source d'information sur les électeurs ou simplement sur l'état de l'opinion, sur les besoins, les craintes, les désirs de la population.

Il serait donc utile à la consolidation de la démocratie d'aider les politiques à appréhender au mieux ces nouveaux outils de communication. À l'image de ce qui se fait dans le monde de

18. http://mediatic.blogspot.com
19. http://www.technorati.com/
20. http://blogolist.com/ et http://blogdex.net/

l'entreprise, la création d'un club politique d'élus blogueurs – s'il n'existe déjà – serait hautement souhaitable[21].

Mobilité, SMS et communication

Autre outil de communication qui prend une place croissante dans le champ politique : le téléphone mobile et ses fonctionnalités, tout particulièrement les messages instantanés ou SMS (pour *Short Message Service*).

Ce qui semble ici essentiel, c'est la possibilité de se glisser directement dans la poche d'une personne avec un outil devenu commun, facile d'utilisation et bon marché. Dans le champ politique, on pourrait retrouver l'utopie de la démocratie directe. Nous en sommes loin car la technologie n'entraîne pas les mutations culturelles correspondantes.

En revanche, ce qui est déjà bien réel, c'est l'usage du téléphone mobile pour écouter la radio, visionner des vidéos, envoyer des messages à un grand nombre de personnes ou à certaines seulement. Et nous verrons comment les partis, hommes politiques et mouvements militants ont pu s'en emparer.

À partir de la téléphonie mobile, de nouvelles expériences sont menées qui ouvrent un vaste champ de possibles, tout particulièrement dans la relation de l'individu avec son environnement quotidien.

Le projet d'*electronic lens*, ou de lentille électronique, développé par un groupe de recherche du Massachusetts Institute of Technology (MIT), met en relation un téléphone mobile avec son environnement immédiat, de manière à donner à son utilisateur toutes les informations qu'il pourrait désirer. En pointant son mobile sur un abri bus, un musée, un magasin ou une permanence de mairie, l'usager reçoit les informations disponibles. L'expérience est menée actuellement à Manresa (Espagne) et est appelée à s'étendre. L'objectif de la ville est d'offrir de meilleurs

21. CEO blogger's club – http://prplanet.typepad.com/ceobloggersfrench/

services à ses habitants et aux visiteurs grâce à une technologie mobile. L'usager a également la possibilité d'envoyer lui-même des informations, questions, avis ou réclamations aux relais de son environnement. Ainsi se créent des communautés locales[22].

Le téléphone pourrait également servir de « chaperon » à des personnes craignant pour leur sécurité dans certains quartiers d'une ville. Ainsi, pendant leur déplacement, leur mobile serait en relation avec d'autres mobiles de personnes habitant le quartier, qui pourraient être alertées et intervenir en cas de danger pour l'individu se déplaçant à pied.

Le même laboratoire du MIT développe le projet de « smart mobility », ou mobilité intelligente, en collaboration étroite avec la RATP, réseau de transport public de Paris. Considérant que la ville est un espace complexe, les chercheurs entendent relier les bus, les arrêts de bus, l'environnement architectural et culturel de la ville, les informations existantes dans cet environnement ou celles diffusées par les passagers. Ils explorent les scénarios possibles sur la façon dont ces différents éléments se connectent et évoluent dans un contexte de technologies de communication sans fil, créant ainsi de nouveaux espaces publics virtuels.

Toutes ces technologies mobiles permettent d'accroître toujours plus la mise en réseau des personnes elles-mêmes[23]. Elles modifient ainsi les comportements et les relations sociales.

Les réseaux sociaux, des valeurs émergentes

Les technologies de coopération apparaissent de plus en plus nombreuses, preuves d'une culture émergente du partage et témoins d'une première reconnaissance de la suprématie de l'intelligence collective.

22. http://mobile.mit.edu/elens/ ainsi que http://mobile.mit.edu/
23. À titre d'exemple, voir le logiciel TXTmob de mise en relation ou « social networking » sur téléphone mobile, http://www.txtmob.com/

L'encyclopédie Wikipedia (Wikipédia en français) en est la plus belle réalisation. Cette encyclopédie collective se base sur la technologie wiki qui permet à toute communauté d'exploiter son intelligence potentielle.

La technologie a permis de donner vie au projet jugé utopique d'encyclopédie universelle : rassembler les connaissances de notre monde. On peut lire sur le site de l'encyclopédie que « Wikipédia est une encyclopédie anarchiste au sens politique du terme : son fonctionnement est fondé sur le respect des règles de la communauté par les wikipédiens, et non sur l'autorité de quelques-uns. En ce sens, elle illustre la célèbre formule de Pierre Joseph Proudhon : « L'anarchie, c'est l'ordre sans le pouvoir » (*Les Confessions d'un révolutionnaire*). En revanche, Wikipedia est le contraire d'une anarchie au sens courant d'une collectivité frappée par un état de désordre, de confusion due à un défaut d'organisation, à l'absence de lois, de règles, de principes directeurs[24]. »

Wikipedia est une encyclopédie libre, gratuite et multilingue que chacun peut améliorer. C'est-à-dire que les définitions de chaque mot sont données par un ensemble d'individus que personne ne sélectionne ou valide préalablement. Si vous êtes un passionné de papillon ou de littérature russe, vous pouvez tout à fait apporter votre contribution à cette encyclopédie en ligne. Toutes les connaissances qui y figurent sont disponibles gratuitement. Début 2006, on y retrouvait 251 776 articles en français et plus de 3 millions dans 214 langues. Tous fournis par une communauté de wikipédiens, contributeurs libres de cette encyclopédie.

Nous sommes convaincus que ce mode de collaboration intelligente va se développer très rapidement. D'une part, parce que la technologie évolue dans ce sens. Il est de plus en plus facile de connecter différents supports entre eux et d'échanger des données. Des ordinateurs équipés d'une carte réseau Wi-Fi, sans fil,

24. http://www.wikipedia.org

peuvent se connecter directement entre eux sans utiliser de bornes ou matériels tiers. Dans les trains, à la maison, dans la rue ou au café, vous pouvez vous connecter à d'autres ordinateurs, téléphones portables, ou tout autre support porteur de données et en réseau. D'autre part, parce que les valeurs de collaboration et d'échange, de gratuité et de plaisir du « faire ensemble », le sentiment d'appartenance à une communauté sont des valeurs montantes.

En témoigne, par exemple, Cellphedia, sorte de Wikipedia sur téléphone mobile ou plus exactement un vaste *quiz* sur mobile. Après vous être inscrit dans la communauté via le site Internet, vous pouvez poser toutes vos questions par des messages textes depuis votre téléphone mobile. Dans la rubrique politique, on trouve par exemple « qui était président des USA en 1903 ? » et vous recevez la réponse « Théodore Roosevelt ».

Par l'intelligence et les connaissances de toute une communauté en expansion se crée une base de données à l'échelle mondiale. Le site de Cellphedia se présente comme la première encyclopédie sociale universelle. L'objet en est le partage de connaissance. Basée sur le logiciel MOSOSO (Mobile Social Software), Cellphedia donne à chaque personne la possibilité de poser ses questions et de donner des réponses à la communauté des utilisateurs[25].

Autre témoin de ces valeurs montantes, l'explosion des sites et des pratiques de *social networking* ou de réseau social. En français, cela correspond à l'expression un peu désuète de « nos relations » ou de notre bon vieux carnet d'adresse[26]. Aux États-Unis, où la culture incite à « socialiser » pour toutes les bonnes et les mauvaises raisons, les technologies en réseau permettent la constitution de multiples communautés pour

25. http://www.cellphedia.com/
26. Alain Lefebvre, *Les réseaux sociaux – Pivot de l'Internet 2.0*, M2 Éditions, 2005.

défendre un projet, un homme politique ou le maintien d'une station essence.

C'est le cas par exemple du site Meetup dont le slogan est « plus de deux millions de personnes membres de la révolution dans les communautés locales » ! On y rejoint des groupes locaux soit en choisissant une localisation, soit un centre d'intérêt, qui vont des groupes de tricot ou de poker, jusqu'au groupe local du parti républicain ou de défense des droits des homosexuels[27]. C'est par Meetup que le candidat à la Maison Blanche en 2004, Howard Dean, a reçu 600 000 signatures de soutien et plus de 41 millions de dollars : une première pour des primaires démocrates.

Des réseaux très informels de partage de centres d'intérêts, tels que Friendster ou Dodgeball, sur le net ou via le téléphone mobile, vous permettent d'étendre votre réseau et de vous faire de nouveaux amis. L'originalité de ces réseaux est d'associer rencontres virtuelles et rencontres réelles.

Chaque participant au réseau vous fait découvrir son propre réseau d'amis et vous engage à les rencontrer librement ou sur son invitation. Il ne s'agit pas de sites de rencontres amoureuses[28], bien que ces dernières ne soient pas exclues, mais de mise en commun de réseaux de relations.

L'équivalent professionnel existe bien évidemment : Linkedin ou 6nergies, « sites de gestion en capital relationnel », vous permettent de rejoindre une communauté de milliers de membres et d'identifier des compétences ou sociétés utiles à vos activités professionnelles. L'accent est mis sur la confiance. Vous ne pouvez contacter et être contacté que par des personnes qui vous connaissent directement ou indirectement. « La structure de fonctionnement d'un réseau privé, de confiance, basée sur le principe de l'intermédiation qualifiée, prévient les risques de spam et d'usage abusif. Les connexions entre participants ont

27. http://www.meetup.com/
28. http://www.meetic.fr/

une réelle signification. Le flux d'informations qui circule sur le réseau privé est contrôlé par les participants qui y risquent leur réputation [29]. »

On retrouve cette valeur de la confiance dans de nombreux usages en cours sur les réseaux. Alors que le virtuel pourrait *a priori* provoquer l'inverse. Or nous pouvons avoir davantage confiance en un inconnu, membre d'un réseau de rencontre, qu'en notre voisin de palier !

C'est ainsi qu'e-bay, le site de commercialisation sur le net, a assuré son succès. L'évaluation et le contrôle exercé par tous les membres de la communauté ayant pour seul intérêt partagé que le système perdure.

C'est le cas également des sites de partage des sites Internet favoris, tel del.icio.us [30]. Une des premières fonctions de « delicious » est de sauvegarder vos sites favoris en ligne et pas seulement sur votre ordinateur. Vous pouvez dès lors les retrouver et les consulter de n'importe quel autre ordinateur.

Chercheurs, étudiants, journalistes peuvent garder la mémoire de tous les sites visités et utilisés et les retrouver facilement à partir de n'importe quel endroit. Vous pouvez évaluer et partager les sites qui vous sont utiles avec l'ensemble des membres de votre communauté. Il suffit de les sélectionner et d'en faire la liste, puis d'indiquer aux membres de votre groupe l'adresse où ils trouveront l'ensemble des sites en lien direct que vous appelez à leur attention. Même chose pour des fichiers de musique que vous voulez faire connaître et partager. Ou encore les sites permettant de partager les photos tel Flickr [31].

Comme sur le blog, et plus généralement sur tous les supports d'échange d'information, on retrouve cette pratique d'évaluation et de validation collective et spontanée de l'information et des contenus. Le classement par la communauté, le nombre de visites et de références d'un site ou d'un blog lui confère une

29. https://www.linkedin.com/ et http://www.6nergies.net
30. http://del.icio.us/
31. http://www.flickr.com/

légitimité et excluent les autres blogs jugés non fiables ou insuffisamment sérieux par le collectif.

Dernier exemple de ces réseaux sociaux numériques : les technologies mobiles alliées aux pratiques sociales de mise en réseau rendent possibles des manifestations spontanées et quasi immédiates. Ces manifestations ont le plus souvent une motivation politique mais peuvent également émerger pour des raisons aussi agréablement futiles que la fête du printemps. C'est ce qui s'est passé le 22 mars 2004, à Séville, où 70 000 jeunes se sont rassemblés en un temps éclair grâce à une invitation circulant sur leurs mobiles[32]. Ce qui semble le plus remarquable dans ces exemples, c'est l'émotion que permet l'outil technologique. Comme le dit Manuel Castells, « c'est un mouvement émotionnel. Et là, la technologie mobile est fondamentale. Elle provoque cette émotion qui ne dure que quelques heures. Mais si dans ces quelques heures, une émotion se communique à des dizaines de milliers d'autres émotions, tout change[33] ! »

Ces pratiques émergentes sont dénommées « *Smart mobs* » ou mobilisation intelligente. L'appellation vient du titre de l'ouvrage d'Howard Rheingold : *Foules intelligentes, la prochaine révolution sociale*[34]. Ces « mobilisations intelligentes » des foules sont pour l'auteur une démonstration de la capacité des technologies de la communication à permettre une plus grande implication des personnes dans la vie sociale et politique. Ainsi, un certain nombre de technologies permettent cette participation du citoyen : Internet, chat, forum, blog, sans fils, téléphonie mobile, *pervasive computing*... Grâce à ces technologies, un groupe deviendrait plus intelligent et/ou plus efficace du fait de sa capacité exponentielle à accroître ses liens. Ces réseaux permettent aux gens d'accéder à de l'information, mais surtout de se

---

32. http://www.temps-reels.net/article1551.html
33. Interview de Manuel Castells, 10 avril 2006, www.eclm.fr
34. www.rheingold.com et www.smartmobs.com

connecter avec d'autres, et font émerger une nouvelle forme de coordination sociale[35].

Face à cette explosion d'outils et de nouvelles pratiques, on remarque une dichotomie entre, d'un côté, une classe politique *au pouvoir* qui utilise de manière parcimonieuse et encore limitée les ressources des réseaux numériques et, de l'autre, un foisonnement d'initiatives collectives de la part des internautes. Là où nos politiques ont du mal à se lancer, les citoyens sont déjà dans les rues virtuelles des réseaux numériques !

Comportements politiques émergents

Que cela soit dans l'appropriation des sites Internet ou désormais des blogs, la plupart des politiques font un usage très classique de ces outils, valorisant leur image et leurs réalisations.

Si le nombre de sites d'élus s'est considérablement accru ces dernières années, ceux-ci demeurent avant tout des vitrines de promotion. Même lorsqu'un politique ouvre son propre blog, il ne peut s'empêcher de parler d'abord et avant tout de lui-même. On parvient à cette conclusion à la lecture des réflexions de dix élus et militants français relatant leur expérience[36]. De même le blog d'Alain Juppé – pourtant un des premiers politiques à avoir ouvert son blog – dément le proverbe qui voudrait que cela soit en bloguant qu'on devient blogueur ! On n'y trouve aucun lien avec un autre blog. Sur celui de Dominique Strauss Kahn, treize liens seulement menant tous à des sites du parti socialiste ou d'amis politiques[37].

Or le blog est un nouveau canal de communication à explorer. Il encourage de nouvelles formes de relations, il permet

35. http://fr.wikipedia.org/wiki/Flash_mob
36. http://temps-reels.net/article1681.html
37. Blog d'Alain Juppé http://www.al1jup.com/ ; blog de Dominique Strauss Kahn, http://www.blogdsk.net/ ; et pour un inventaire plus complet des blogs politiques, http://www.placedelademocratie.net/mediawiki/index.php?title=R%E9pertoire_des_blogs_politiques.

d'entrer en contact direct, de s'ouvrir, et de s'exposer ! Ce qui n'est pas encore dans les usages de nos représentants. Là où ces derniers communiquent d'abord sur eux-mêmes, les blogs des militants se mettent en relation avec d'autres acteurs et sites de l'univers numérique et créent ainsi une dynamique collective propre à ces outils.

Si l'homme politique sait se fondre dans cette nouvelle culture en réseau, il n'aura plus besoin d'avoir un blog pour faire sa propre communication. Des dizaines d'autres blogs le feront pour lui. Ce qui aura nettement plus de portée. C'est ce qui a été remarquable dans la campagne d'Howard Dean, candidat à l'investiture démocrate lors des élections américaines de 2004.

Dans le monde de l'entreprise, le blog permet d'attirer des internautes – et clients potentiels – en organisant des concours de photos, textes, vidéos. C'est ainsi que Nike en 2003 a présenté sur un blog le festival Art of speed, avec des films de jeunes réalisateurs. Aucune promotion pour les produits Nike eux-mêmes, mais une image de la marque valorisée pratiquement gratuitement. Même démarche chez Nokia qui a confié des téléphones mobiles pouvant prendre des photos à un public de blogueurs. Tous ont mis leurs photos sur leurs blogs et ont indirectement parlé – le plus souvent en termes positifs – des fonctionnalités des mobiles de la marque. Cette approche marketing est tout à fait transposable dans l'univers politique.

Toutefois, rares sont les politiques qui ont saisi toute la richesse de ces nouveaux outils de communication. Si on considère que la communication d'un homme, d'une institution ou d'un territoire est à la fois descendante, ascendante et transversale, la plupart des hommes et institutions politiques en sont restés à la forme descendante.

Et pourtant les fonctionnalités du blog pourraient leur être très utiles. Le net améliore la consultation et le partage de l'information et permet sa circulation du bas vers le haut et également d'un site à l'autre, de manière transversale. Il donne la possibilité d'interagir de manière informelle avec d'autres acteurs du monde politique avec qui il serait difficile d'échanger par d'autres moyens. Il donne une liberté de parole qui permet de mieux connaître les humeurs des électeurs, de mesurer le climat social. Car pour ces électeurs, il est plus facile de s'exprimer par écrit qu'oralement après avoir obtenu un rendez-vous avec son député ou son maire, considérés comme inaccessibles.

Si les politiques exploitent le blog comme outil de stimulation, ils pourront déceler des idées innovantes et avoir un réel panorama des expertises disponibles aptes à accompagner leurs actions. Le blog peut s'avérer un catalyseur et un révélateur de talents.

Les blogs humanisent les rapports, renforcent la proximité et la qualité de la relation avec le citoyen. Ils représentent un bon moyen d'afficher une plus grande transparence et de permettre aux lecteurs de réagir et de contribuer. Pour un politique, prendre en compte des remarques faites sur un blog montre sa volonté d'écoute et d'ouverture, sa modernité et sa confiance; cela valorise les citoyens qui s'expriment. Le blog sert également à expliquer à la population concernée le pourquoi de certaines mesures devant être mises en œuvre, dont on s'assure ainsi une application optimum.

Pratiques numériques des pouvoirs en place

– C'est ainsi que les partis politiques utilisent maintenant les SMS ou messages textuels envoyés via les téléphones mobiles, soit pour engager les militants au débat, soit pour susciter de nouvelles adhésions.

En France, les partis ont adopté les outils numériques et ont tous leur site Internet [38]. Progressivement l'interactivité se développe, en commençant par l'adhésion en ligne.

38. *Journal du Net*, mai 2005, http://www.journaldunet.com/0505/050523bilanpartispo.shtml

Début 2006, la nouvelle campagne d'adhésion au Parti socialiste, en ligne, a permis d'enregistrer un millier de nouveaux militants en moins de 24 heures. En pleines vacances d'été, en juillet 2005, l'Union pour un mouvement populaire a lancé, après l'adhésion par Internet et celle par téléphone, l'adhésion par SMS. Il suffisait de taper UMP, suivi de ses nom, prénom et numéro de téléphone portable et d'envoyer le tout à un numéro téléphonique. Dans la minute, vous receviez un message signé Nicolas Sarkozy, vous remerciant de la confiance que vous témoignez à son parti. Dans l'heure, le service adhésions de l'UMP devait prendre contact avec vous.

Concernant la vie interne du parti, d'autres outils tel que le blog pourraient pallier le manque de libre expression et le déficit de communication interne. Son utilisation interne permettrait aux membres de la communauté concernée d'échanger informations et commentaires sans perdre de temps dans la rédaction de notes ou de rapports.

Le parti socialiste français a ouvert, pendant l'été 2005, un blog pour ceux de ses membres qui ne pouvaient se rendre au congrès de leur parti, qui se tient annuellement à La Rochelle.

« Face à la somme intimidante des contributions présentées par les militants socialistes (plus de mille pages pour environ 53 heures de lecture nous dit-on) à côté desquelles le texte de la Constitution européenne ressemble à un folio, le blog Projet2007 a été créé pour faciliter la lecture et la hiérarchisation des contenus. Selon ses promoteurs, ce blog se donne l'objectif d'expérimenter de nouveaux modes de lecture, de dégager les thèmes abordés dans les contributions (générales ou thématiques), de repérer la hiérarchie qu'accordent les auteurs des contributions à ces thèmes. Bien qu'il s'agisse d'un blog et non d'un wiki, chacun peut procéder à des traitements. Signaler, le cas échéant, des erreurs ou des malentendus. Préparer des compilations autour d'un thème. Et proposer leur publication[39]. »

– Pour les politiques au pouvoir, blog et SMS sont aussi des outils de communication politique qui se développent très rapidement, tout particulièrement en période électorale.

Les gouvernements au pouvoir peuvent, par ces outils numériques, répondre à l'obligation qui leur est faite d'organiser au mieux des élections libres et démocratiques. Mais ils peuvent aussi tirer parti de leur position dominante pour servir leur propre intérêt ou ceux du parti qu'ils représentent.

Ainsi, pour illustrer la première situation, les électeurs ont eu l'opportunité en Galice (Espagne) de télécharger les programmes électoraux pour les élections de juin 2005 directement sur leur portable pour moins d'un euro.

Dans l'autre cas, en Italie, l'ancien président du Conseil Silvio Berlusconi et son parti Forza Italia ont depuis longtemps compris tous les avantages à tirer du téléphone mobile pour susciter les soutiens. Lors des élections européennes de 2004, le gouvernement a envoyé 56 millions de SMS sur les procédures de vote suivis d'une campagne intitulée *SMS « Sostieni Molto Silvio »* (« soutenez beaucoup Silvio ») demandant aux personnes de renvoyer à cinq amis un des onze SMS de promotion suggérés et déjà rédigés par le parti de droite.

Dans la nuit précédant le vote, un grand nombre d'électeurs italiens reçurent un SMS sur leur portable les engageant à aller voter le lendemain. Aucun commentaire n'était ajouté. Mais le message était signé par les services du Premier ministre, les faisant ainsi apparaître comme une sorte de « service public ». Bien sûr, nombreuses furent les protestations, dénonçant l'abus de pouvoir et la violation des règles électorales. Les résultats ont

39. http://gauche2007.over-blog.com/article-2117474.html

démontré que cette campagne par SMS n'avait pas servi son initiateur[40].

En France, en juin 2004, Jean-Pierre Raffarin – à l'époque Premier ministre –, avait sollicité par SMS les questions des Français ; il en avait reçu 12 000 et 1,3 million de SMS en un week-end. En janvier 2005, Nicolas Sarkozy a envoyé ses vœux par SMS à 70 000 adhérents de l'UMP et leur a demandé de voter par Internet sur les modifications des statuts du parti, qui leur permettraient de choisir eux-mêmes leur candidat à l'élection présidentielle de 2007. Le message était ainsi rédigé : « Très bonne année 2006 ! Mes vœux en direct sur www.u-m-p.org et sur LCI le 12/01 à 11h. Votez aussi sur la réforme des statuts sur le site UMP. Nicolas Sarkozy[41]. »

Aux États-Unis, les usages des outils numériques dans le champ politique sont encore plus répandus qu'en Europe. D'une part, la société américaine est une des plus connectées du monde, d'autre part, la culture politique américaine valorise le contrôle collectif du bon fonctionnement de la démocratie.

Lors des élections présidentielles de 2004, les candidats républicains comme démocrates ont cumulé l'usage de tous les outils à leur disposition : réseaux de « *social networking* » ou de mise en relation sociale, blogs, sites Internet, forums, chats, télévisions en ligne, messages SMS.

La mise en réseaux de tous ces supports numériques a permis d'augmenter la consultation du site des candidats, de faire dire à d'autres ce que les candidats ne pouvaient dire eux-mêmes et de recueillir en un temps record des signatures de soutien et des fonds.

40. Blog collectif sur la culture digitale politique en Italie, http://www.politicaonline.it/

41. http://blog.netpolitique.net/index.php/2006/01/11/211-lump-envoie-70000-sms-a-ses-adherents

Ces outils numériques ont également personnalisé et humanisé la relation du candidat avec une « base » rendue paradoxalement moins virtuelle par ces réseaux. Ainsi des militants très actifs ont créé le site MoveOn.org, aujourd'hui devenu le premier site « antiBush » aux États-Unis. MoveOn a organisé des primaires démocrates virtuelles. Les animateurs du site ont demandé aux neuf candidats démocrates de présenter leur programme en ligne et d'être jugés par les internautes. 317 000 internautes ont voté pendant deux jours. « MoveOne qui ne roule pour aucun candidat démocrate spécifique a tout de même réalisé une belle opération en faveur des 9 candidats. En effet, 54 000 votants ont promis de participer à la campagne de leur candidat favori. 77 000 votants ont autorisé MoveOn à transmettre leur adresse e-mail à leur candidat favori. Enfin, 49 000 ont fait des promesses de dons pour un montant total de 1,75 million de dollars, soit une contribution moyenne de 35 dollars. Grâce à ce succès aux primaires virtuelles, la cagnotte électorale de Howard Dean, ouverte le 22 juin, est passée de 3 millions de dollars à 6 millions de dollars en un week-end. »

En France, la campagne pour les présidentielles de 2007 risque de se teinter d'américanisme numérique. D'ores et déjà, la plupart des candidats entendent cumuler différents supports de promotion et de débats autour de leur candidature. Par exemple, un blog, un site Internet et un forum pour Ségolène Royal auxquels Nicolas Sarkozy ajoute une web TV [42].

– En dehors des périodes électorales, les gouvernements utilisent de plus en plus le réseau pour cibler les composantes de leur électorat.

Le gouvernement britannique de Tony Blair a souhaité toucher les jeunes lycéens et a conçu une campagne sur SMS les incitant à poursuivre leurs études.

42. Dossier du Journal du Net,
http://journaldunet.com/0505/050523bilanpartispo.shtml

En France, après le lancement du site dédié aux jeunes actifs (population des plus de 30 ans insérés professionnellement), l'UMP a lancé un site dédié aux femmes (agora-elles), devant leur permettre de s'exprimer et de s'engager.

– Les réseaux numériques peuvent également permettre d'engager le débat sur un projet de loi. C'est le cas en France du projet de loi sur les droits d'auteur. Le député socialiste Christian Paul vient d'ouvrir un blog qui autorise la participation, 24 heures sur 24, et qui, au-delà de la polémique sur la DADVSI, engage à un débat sur la civilisation numérique et ses enjeux[43]. Le député a créé ce blog : « Pour faire partager, par des contributions régulières, des idées, des convictions ou des interrogations, car nous défrichons une civilisation nouvelle. Pour créer un espace de débat libre qui ne cède pas à la propagande dominante, déferlant depuis décembre 2005. Pour rendre compte des positions prises à l'Assemblée nationale et les expliquer mieux que ne le permet le choc des mots dans le débat public de tous les jours[44]. »

Mais l'Europe ou les États-Unis ne sont pas les seuls à faire appel à la téléphonie mobile et aux autres outils numériques dans le champ du politique.

En Arabie saoudite, après 40 ans de pouvoir sans partage, le gouvernement saoudien a décidé d'organiser début 2005 des élections municipales. Nous ne parlerons pas ici du déroulement du scrutin en lui-même où tout a été fait pour décourager l'apprenti citoyen saoudien, ni de la mascarade électorale ayant permis une large victoire des mouvements islamistes. Mais pour répondre au désarroi des électeurs (à Ryad, 645 candidats se sont disputé sept sièges ! soit 92 candidats par siège), les mouvements islamistes ont sélectionné les candidats les plus aptes, ont fait

43. www.culturenumerique.net
44. http://www.artesi.artesi-idf.com/public/article.tpl?id=10925

valider cette sélection par les grands cheikhs du pays et publié leurs listes par SMS avec le message suivant « les cheikhs recommandent d'élire selon la circonscription : [liste des candidats recommandés], afin que les suffrages ne s'éparpillent pas. Prière de diffuser ». Inutile de parler des nombreuses contrefaçons qui ont suivi ce message, largement diffusées, elles aussi, via SMS ou Internet[45].

En Éthiopie, l'un des pays les plus pauvres au monde, les partis ont expérimenté eux aussi le SMS, nouvelle forme de communication politique à l'intention des administrés lors de la campagne pour les élections législatives de 2005. Les deux partis en lice espéraient la retransmission des messages par les électeurs à leurs parents et amis pour que leur discours et leur appel au vote soient entendus d'un maximum de citoyens.

Le téléphone cellulaire du président indonésien Susilo Bambang Yudhoyono a vite été saturé après qu'il eut appelé la population à lui transmettre ses doléances par SMS. Le chef de l'État du quatrième pays le plus peuplé du monde a rendu public son numéro de téléphone cellulaire personnel en encourageant les Indonésiens à lui envoyer directement des messages concernant les difficultés qu'ils rencontraient avec l'administration bureaucratique de l'archipel.

Si les SMS permettent aux partis et gouvernements d'étendre les moyens du marketing politique, ils sont aussi source de contestation pour les pouvoirs en place et certains gouvernements tentent déjà de les contrôler. La Chine a ainsi étendu sa surveillance technologique aux SMS. Les messages « réactionnaires » peuvent désormais être repérés et bloqués par un système développé par une société chinoise, qui vient de recevoir l'agrément du gouvernement pour commercialiser sa solution.

Il est vrai que le danger pour le régime chinois peut être réel au regard des chiffres impressionnants : le pays comptait en juillet 2004 approximativement 300 millions d'usagers en

45. Pascal Ménoret, « Le cheikh, l'électeur et le SMS, logiques électorales et mobilisation islamiques en Arabie Saoudite », *op. cit.*

téléphonie mobile, qui ont dû envoyer quelque 550 milliards de SMS en 2005[46].

Et maintenant...

En première et rapide analyse, on peut dire que l'entrée du politique dans l'univers numérique présente un certain nombre d'avantages tant pour le « personnel » politique que pour les électeurs. Les nouveaux outils numériques permettent une meilleure communication, un meilleur contrôle de l'élu qui ne peut plus dire ou faire n'importe quoi. Ils humanisent des relations trop abstraites entre élus et électeurs.

Toutefois, ces outils numériques rendent également possibles toutes les déviances, de la manipulation de l'information à l'influence des votes. On peut tout à fait envisager qu'un parti « finance » un certain nombre de blogueurs pour produire et diffuser des informations diffamatoires sur un autre candidat ou, au contraire, valorisantes pour sa propre politique partisane, mais tout aussi factices.

Sans aller jusqu'à ces pratiques, le brouillage informationnel rend difficile pour l'électeur la formulation de sa propre opinion. Lorsqu'il y a concurrence entre diverses sources d'informations, celles d'un parti politique, d'un homme au pouvoir et d'un groupe de militants, comment traiter avec toute la prudence et la clairvoyance nécessaires l'ensemble de ces données.

Certaines expériences tentent de remédier à ce manque de visibilité de manière très originale. C'est le cas du groupe RTGI de l'université technologique de Compiègne, en France, qui a conçu l'Observatoire présidentielle 2007 afin de mesurer et de représenter, sur le web, « le bruit médiatique » comparé de chaque candidat présumé ou déclaré à la présidentielle 2007[47]. Le Tendançologue© mesure le « bruit médiatique » que font les

46. Sur tous les usages des SMS en politique mentionnés dans ce chapitre, voir http://www.textually.org/fr/archives/cat_sms_et_politique. htm
47. http://www.fluctuat.net/blog/presidentielle-2007

principaux hommes et femmes politiques pressentis pour cette élection. Il s'intéresse à trois « sphères d'information » que sont les sites d'actualité en ligne, les blogs et les *newsgroups* ou groupes de discussion. Chaque jour, à partir des résultats fournis par plusieurs moteurs de recherche, spécialisés et généralistes, sur le nombre de nouvelles ressources publiées dans les dernières 24 heures, la courbe de bruit médiatique de chaque candidat est tracée et ceci pour chaque sphère d'information. Ces courbes permettent de suivre les évolutions de visibilité de chaque homme ou femme politique dans le temps, de les comparer entre eux à un même moment, mais aussi de voir comment le bruit médiatique circule entre les sphères (phénomène de retard ou d'anticipation de l'une sur les autres)[48].

Dans le même esprit, ce groupe d'universitaires ingénieux a mis en place un Blogopole© (contraction de blogosphère politique) regroupant l'ensemble des blogs de citoyens qui alimentent le débat politique en France, que ce soit ceux des hommes politiques et des militants ou ceux des commentateurs et analystes. Il s'agit d'en dessiner les contours à mesure que l'échéance des présidentielles approche. La première cartographie présentée est celle des blogs d'hommes politiques à laquelle viennent s'ajouter quelques blogs d'analystes et commentateurs du débat politique sur le web[49].

Cette blogosphère politique montre très précisément que le champ politique se peuple de nouveaux acteurs, autres que les élus et le « personnel » politique traditionnel, qui gagnent quotidiennement en visibilité.

Il faut donc rapidement que les politiques en place utilisent tout le potentiel de ces outils. S'ils ne veulent pas appréhender ces nouveaux médias et outils de communication et d'information, ils s'isoleront de plus en plus par rapport à la population qui a déjà du mal à se reconnaître dans leurs discours. Et pour comprendre ce qui se passe, il faut travailler avec ces outils, avec des

48. http://www.utc.fr/rtgi/op2007/index.php?id=2
49. http://www.utc.fr/rtgi/op2007/index.php?pageid=3

blogueurs, créer des sites Internet et des forums, favoriser l'échange sur des plateformes de blogs sur lesquels peuvent se connecter les citoyens, et établir de nouvelles formes de relations entre interactivité et veille.

Mouvements sociaux, militants et réseaux citoyens

Dans le cadre des expressions citoyennes sur et par les réseaux numériques, on observe deux formes distinctes. Dans une première catégorie, on rencontre des manifestations spontanées dans l'espace public, le plus souvent en réaction au pouvoir en place, qui dans un laps de temps très court exercent une pression ou provoquent un changement immédiat dans le champ politique.

Dans la deuxième catégorie, on retrouve des pratiques qui s'inscrivent dans un plus long terme, dans le cadre d'instances de débat officielles ou non, ou encore de campagnes électorales.

– Dans le premier groupe, on observe ce qu'on appelle en anglais les *flash mobs* ou mobilisations éclair.

Un des plus beaux exemples est celui de la mobilisation des citoyens espagnols lors des élections de mars 2004. Le gouvernement Aznar, donné favori pour ces élections, a échoué le jour du scrutin suite à une campagne de protestation par SMS dans tout le pays, dénonçant les mensonges du chef de l'État. Ce dernier ne voulait pas démentir la responsabilité – que tous savaient inavérée – des autonomistes basques de l'ETA dans l'attaque terroriste du 11 mars 2004 à Madrid. Des milliers de SMS demandant « c'était qui ? » ont circulé dans tout le pays donnant ainsi la victoire au candidat socialiste qui ne l'aurait jamais remporté sans cette mobilisation générale du pays en moins de 48 heures. Notons toutefois que ce responsable politique n'a pas été élu par une majorité favorable à son programme mais par un rejet violent et ponctuel de son concurrent.

Déjà en 2001, aux Philippines, une large campagne via SMS au sein de la population a joué un rôle indéniable dans la chute du président Joseph Estrada. La procédure d'*empeachment* à l'égard du président, accusé de corruption, avait été interrompue par un groupe de onze sénateurs, amis proches du président. Dans les heures qui ont suivi la diffusion de cette information, des milliers de messages venant directement de la population ont circulé via les téléphones mobiles. Des SMS disant « portez du noir pour célébrer la mort de la démocratie » étaient largement diffusés et les citoyens revêtaient tous un vêtement noir.

Cette expérience fut une des toutes premières à démontrer la capacité de ces outils, à la portée de tous (les téléphones mobiles), à informer, voire à façonner l'opinion, sur une crise que traversait le pays. C'est à la fois l'immédiateté et l'étendue de la diffusion qui étaient révolutionnaires.

Certes dans l'expérimentation des usages de la téléphonie mobile lors d'échéances électorales, des expériences peuvent s'avérer désastreuses. Lors des élections au Bangladesh d'octobre 2001, le gouvernement a dû passer un accord avec les quatre opérateurs de téléphonie du pays pour interrompre pendant 24 heures les transmissions par téléphones mobiles. Les messages textes envoyés étaient trop souvent des incitations à la violence dans une campagne électorale ayant déjà fait 100 morts et 3 000 blessés.

Les SMS sont régulièrement utilisés dans les campagnes électorales, par les électeurs eux-mêmes, pour soutenir le vote en faveur du candidat qu'ils estiment le meilleur. Ceci est particulièrement remarquable dans les pays où la liberté d'expression n'existe pas ou est très solidement contrôlée. En Iran, lors des élections de 2004, des voix de protestation se sont exprimées par SMS, faisant circuler des messages tels que « Les urnes seront les cercueils de la démocratie ». Les opposants au régime ont ainsi appelé au boycott des élections par SMS[50].

50. http://www.textually.org/fr/archives/cat_sms_et_politique.htm

De plus, ces réseaux numériques rétrécissent notre monde et tout son champ d'événements. Les élections de chaque pays se déroulent aujourd'hui sous le regard de l'opinion publique du monde entier. Même si l'électeur d'un pays a un intérêt limité pour des élections qui se déroulent à des milliers de kilomètres de chez lui, la classe politique impliquée dans le processus électoral ne peut plus se permettre de déroger aux règles démocratiques aussi facilement. Et si nous n'en sommes pas encore à une mobilisation mondiale contre des fraudes électorales nationales, celle-ci est technologiquement possible.

En dehors des électeurs, les messages par téléphone mobile peuvent servir les intérêts de groupes de pression et de minorités en tout genre.

Le Polisario, mouvement séparatiste du Sahara occidental, dont des militants actifs sont basés en Espagne, utilise les SMS pour convaincre l'opinion publique espagnole qu'une véritable Intifada se déroule dans le Sud marocain, et appelle au soutien du peuple sarahoui contre les violences du gouvernement.

Dans un tout autre registre, en août 2004, aux Philippines, un groupe de consommateurs a organisé une « cyberprotestation » contre un projet de taxe sur les messageries téléphoniques devenues le moyen de communication le plus populaire de l'archipel.

En France, l'usage des téléphones mobiles et des blogs lors des violentes révoltes de novembre 2005 a permis la prise de conscience par un large public de l'impact de ces nouveaux outils. Qu'il s'agisse de faire passer des informations sur les lieux de réunions et les déplacements de la police, de diffuser des photos et des vidéos sur les conflits ou de s'expliquer sur les raisons de cette colère, les réseaux numériques ont transformé la façon dont le politique et l'État ont dû gérer la crise.

Quelques mois plus tard, les manifestations contre le contrat première embauche (CPE) soulignait de nouveau le fait que « la "génération précarité" est aussi la génération Internet. Comment ne pas voir dans les manifestations étudiantes actuelles, et notamment dans l'utilisation de l'Internet et des technologies mobiles, la continuation de ce que l'on avait déjà constaté lors des manifestations lycéennes contre le projet de loi Fillon ? Déjà, la capacité d'utilisation du web, notamment des blogs, et du SMS à des fins d'information, d'organisation et de mobilisation était stupéfiante. Est-il difficile d'imaginer que les lycéens de 2005 sont devenus pour partie les étudiants de 2006 ? Dans un billet consacré à ces manifestations anti-loi Fillon, nous avions conclu sur une interrogation : lorsqu'on repense à l'extraordinaire capacité de mobilisation des lycéens via les outils offerts par l'Internet, je ne peux pas m'empêcher de me demander ce que cela signifiera pour la net-campagne de 2007. Cette génération qui a grandi avec l'Internet, qui surfe, blogue et SMS comme elle respire, se fera-t-elle justement "entendre" grâce à ces mêmes outils[51] ? »

Cette question ne fait aujourd'hui plus de doute. La maîtrise de ces réseaux numériques par les jeunes générations qui ne parviennent pas à s'insérer dans la société est source de conflits violents.

Aux côtés de l'utilisation de ces outils numériques lors des manifestations ponctuelles et pour des expressions ciblées, les mouvements citoyens et militants s'approprient ces réseaux pour renforcer leur action d'expertise et de contestation du pouvoir sur un plus long terme.

À défaut d'être déjà une grande agora citoyenne, le net devient un nouvel espace de participation politique, même si organiser des débats en ligne s'avère encore un exercice difficile. Mais le réseau donne des possibilités supplémentaires à des citoyens usagers du net et, dans la plupart des cas, déjà politiquement actifs.

Le plus souvent, le citoyen qui souhaiterait spontanément débattre en ligne d'une décision politique, qu'elle concerne la réforme hospitalière ou le régime des retraites, se retrouvera sur

51. http://blog.netpolitique.net/index.php/tag/e-participation

un forum gouvernemental. Ces débats en ligne à l'initiative du gouvernement se sont multipliés depuis le renforcement en 2002 de la Commission nationale du débat public, qui met en œuvre l'obligation de consultation prévue par la loi du 27 février 2002 relative à la démocratie de proximité[52]. Mais l'interactivité est faible voire inexistante sur ces forums gouvernementaux. Dans ce contexte, de nombreuses sociétés et associations ont également investi ce champ prometteur du débat public sur le net[53]; en effet, les savoir-faire sont encore à construire, les outils à inventer et les expériences encore peu nombreuses pour en tirer des enseignements.

Pour faciliter la participation publique sur le net, des logiciels de cartographie, donnant une image du débat en cours et permettant aux citoyens de mieux se positionner, commencent à émerger. Une expérience intéressante a été conduite par un ensemble de partenaires (*Libération*, Cognito, la SDI, DA conseil) visant à permettre aux internautes de se prononcer sur les motions du Parti socialiste avant le congrès du Mans, en novembre 2005. « Pour trois thèmes, éducation, emploi et Europe, on obtenait un arbre de connaissances sur lequel s'affichait le titre des propositions. Le tronc commun symbolisait les points d'accord entre motions, les branches soulignant les différences », explique Florence Durand Tornare, directrice de la SDI. Dix-huit mille internautes ont cliqué sur les motions qu'ils approuvaient. Le logiciel leur a ensuite décrypté en quoi ils étaient proches de telle ou telle motion. Suite à cette expérience innovante, les partenaires ont recherché à améliorer l'outil avec l'éditeur du logiciel et le moteur de recherche Kartoo[54].

---

52. http://www.debatpublic.fr/
53. Par exemple Sopinspace, société d'édition d'outils pour débattre et collaborer en ligne, http://www.sopinspace.com/ ; L'observatoire des débats publics en ligne, http://www.debatpublic.net; Cognito, http://www.cognito.fr/; la SDI, http://www.la-sdi.net/
54. http://www.kartoo.fr/

Mais les principaux obstacles à la participation des citoyens internautes ne sont pas d'ordre technique – les outils existent et ne cesseront de s'améliorer –, mais d'ordre culturel. La formation à une citoyenneté active et aux outils demeure encore et toujours essentielle.

L'exemple de la campagne *Voter Y* illustre cette nécessité[55]. Cette dynamique collective, lancée fin 2004 à la suite du mouvement *Sauver la recherche*, entend contribuer à la préparation constructive des élections présidentielles 2007. *Voter Y* a mis en place un site Internet interactif où les fonctions du logiciel de travail collectif *Spip* doivent permettre à tous de formuler des propositions politiques thématiques. Aujourd'hui, la place et le rôle des réunions physiques, des échanges téléphoniques et de l'oral restent prépondérants dans la formulation et le débat des propositions politiques.

Bien qu'encore limitée dans son ampleur, cette nouvelle forme de participation informelle a pour objet de ne plus laisser les partis politiques élaborer leur programme et choisir, seuls, leur candidat. Pour ce faire, *Voter Y* met en place « un espace collectif d'interpellation publique » qui permet aux citoyens de donner leur avis. « Nous voulons parvenir à montrer qu'il y a appropriation du débat politique par des personnes qui n'ont pas nécessairement l'habitude d'être entendues en les faisant participer à la définition d'un programme », explique Jade Lindgaard, journaliste aux *Inrockuptibles*[56].

Ces « primaires civiques » verraient les candidats potentiels interrogés par des « auditeurs », politologues, sociologues ou juristes, représentants d'associations, de lieux culturels, de collectifs militants et par un panel de citoyens. Les séances publiques seraient filmées et retransmises via Internet.

---

55. Campagne *Voter Y*, http://www.voter-y.net
56. Dossier du quotidien *Le Monde*, « Cyberpolitique, cybercitoyens », 15 mars 2006.

Autre exemple récent qui soulève la question du rôle des partis politiques et des médias dans le débat politique et souligne celui des réseaux numériques : la campagne en France lors du référendum sur la Constitution européenne.

Une étude sur les sites Internet traitant du référendum a été menée par deux chercheurs de l'université de technologie de Compiègne[57]. Ils ont opéré une sélection de 295 sites effectivement consacrés au débat sur la Constitution européenne. Premier constat significatif de l'étude, les sites partisans du Non (161) devancent largement ceux du Oui (79), suivis loin derrière par les sites des grands médias (23), ceux qui ne prennent pas position (17) et ceux des institutions (15).

Parmi les tenants du Non, l'étude recense quelque 74 sites de partis politiques, très majoritairement ancrés à gauche ou à l'extrême gauche (82 %). Les partisans du Oui, eux, ne se sont lancés que très timidement sur ce nouveau média. Dans la liste des « sites faisant autorité », établie en fonction du nombre de chemins menant l'internaute à un site, huit des dix premières autorités appartiennent au camp du Non. En tête, le site de la fondation Copernic d'Yves Salesses et celui du désormais célèbre Étienne Chouard qui, au plus fort du débat, bénéficiait de 30 000 visites par jour[58].

Si les sites Internet les plus nombreux et les plus consultés sont demeurés ceux des partis politiques, ni les journaux (excepté le quotidien *Libération*) ni les chaînes de télévision ne figurent dans le top dix des « sites faisant autorité ». Au contraire, les médias critiques tels que rezo.net ou encore acrimed.fr, figurent en bonne place[59].

57. Franck Ghitalla, Guilhem Fouetillou, *Le web et le débat sur la Constitution européenne en France*, Université de technologie de Compiègne, 2006, disponible sur :
http://www.utc.fr/rtgi/index.php?rubrique=1&sousrubrique=0&study=constitution

58. http://etienne.chouard.free.fr

59. Marion Souzeau, « Les opposants au traité européen ont mieux utilisé Internet », *Le Monde*, 10 juillet 2005, http://www.lemonde.fr/web/article/0,1-0@2-3224,36-671222@51-656097,0.html

Cette surreprésentation des partisans du Non sur le réseau et le glissement des médias traditionnels ont-ils eu une influence, et laquelle, sur les résultats du scrutin ? Sans le net, les résultats auraient-ils été différents ?

Impossible de répondre aujourd'hui à cette question, mais une chose est d'ores et déjà acquise : le rôle des anciens et des nouveaux acteurs dans le débat politique est en pleine évolution sous l'influence des réseaux électroniques. Nous avons affaire à de nouvelles formes de communication, d'échanges entre les individus et ces nouvelles formes de communication peuvent devenir de nouvelles formes de rapport au pouvoir.

8.
La transfiguration du politique

« Dans cette mutation technologique informationnelle, on sent fondamentalement le besoin de régulations politiques qui devront associer ou émaner des mouvements de citoyens et ceci à tous les niveaux : local, entreprise, Europe, planète[60]... »

L'ensemble des nouvelles pratiques sur les réseaux numériques dans le champ politique renvoie à la question du rôle et de l'organisation même de l'État. Plus encore, il nous oblige à nous interroger sur notre rapport au pouvoir. De nouveaux concepts émergent, tel que celui de gouvernance. Les anciens concepts sont revus et actualisés : les légitimités se déplacent, l'opinion publique devient palpable, l'espace public s'élargit, de nouveaux acteurs politiques apparaissent.

La recherche d'une nouvelle gouvernance

– Il règne toujours un certain flou sur ce concept encore récent de gouvernance. La confusion est renforcée par le fait que le mot est employé tant en matière économique (la bonne gouvernance de l'Organisation mondiale du commerce ou du

60. Déclaration et textes fondateurs de VECAM, http://www.vecam.org/article.php3?id_article=326 et annexes.

monde de l'entreprise) qu'en matière politique, faisant référence au gouvernement de l'État. Le terme renvoie également à différents niveaux de pouvoir, de la ville à des ensembles plus vastes telle que l'Union européenne.

Ainsi, cette dernière semble vouloir donner un contenu plus politique qu'administratif à la notion: « L'expression "gouvernance européenne" désigne les règles, les processus et les comportements qui influent sur l'exercice des pouvoirs au niveau européen, particulièrement du point de vue de l'ouverture, de la participation, de la responsabilité, de l'efficacité et de la cohérence. Ces cinq "principes de la bonne gouvernance" renforcent ceux de subsidiarité et de proportionnalité[61]. »

Le politologue Roderick Rhodes souligne dans ses travaux que la notion de gouvernance est couramment utilisée dans les sciences sociales actuelles avec, au moins, six significations différentes: l'État minimal, la gouvernance d'entreprise, la nouvelle gestion publique, la bonne gouvernance, les systèmes socio-cybernétiques et les réseaux auto-organisés. Se référant globalement à l'exercice du pouvoir, le terme de gouvernance désigne, tant dans le domaine de l'entreprise que dans celui de l'État, non seulement l'action des organes exécutifs mais aussi celle des assemblées législatives ou des organes judiciaires[62].

En fait, ces imprécisions autour de la notion traduisent la difficulté de nommer les évolutions en cours. La gouvernance est un processus avant d'être un état. Elle décrit les recherches, les tâtonnements, les expérimentations pour inventer un meilleur fonctionnement de l'État et un nouveau rapport au pouvoir. À l'ère numérique, les formes de gouvernement sont en perpétuelles adaptation et transformation.

Ainsi, pour Roderick Rhodes, aux côtés du gouvernement de l'État, de son administration et de ses structures hiérarchiques,

---

61. http://europa.eu.int/comm/governance/index_fr.htm
62. Roderick Rhodes, "The new governance: governing without government" *Political Studies*, vol. 44, 1996, p. 652, cité sur le site de la Commission européenne, http://ec.europa.eu/governance/index_fr.htm

aux côtés du gouvernement de l'entreprise, il y aurait un gouvernement en réseau, dans lequel aucun acteur n'aurait le monopole du pouvoir et qui serait organisé autour de l'intelligence de toutes ses composantes. Dans ce système, dit-il, aucun acteur, y compris le gouvernement lui-même, ne dispose de toutes les compétences, de tous les outils ou de tout le pouvoir pour dominer l'ensemble et le faire fonctionner. Dans ce modèle, « la tâche du gouvernement est de permettre les interactions sociopolitiques et de gérer les relations de confiance et de coopération à l'intérieur du réseau ». Et comme il le souligne à très juste titre : le problème majeur soulevé par ces nouvelles formes de gouvernement en réseau, c'est qu'elles concurrencent l'État. Ces réseaux sont à même d'assurer un ensemble de tâches de la compétence de l'État et ceci avec une plus grande efficacité, plus rapidement et à moindre coût. Dès lors, cela pose de sérieux défis de compatibilité avec nos systèmes de démocratie représentative. En éclatant dans l'espace et dans le temps la fourniture de services publics, en supprimant tout contrôle de l'État et toute coordination, le système du gouvernement en réseau dilue la responsabilité de l'action publique. Et même si on trouve les outils pour permettre la coordination et l'arbitrage, la question de la légitimité démocratique de tels réseaux reste entière.

– Les réseaux numériques posent donc de façon accrue la question du rôle de la puissance publique et participent à ce qu'il est devenu commun d'appeler une crise de l'État.

Tous les États considérés comme démocratiques traversent une crise de la gouvernance. Tous connaissent des signes de défaillance des systèmes représentatifs et délégatifs et une défiance à l'égard du politique. La liste de ces « signes » est impressionnante : participation électorale en baisse constante et désintérêt croissant envers la politique ; dénigrement et perte de confiance envers une classe politique dénoncée comme sourde aux problèmes du plus grand nombre, ou pire, corrompue ; débat d'idées en régression notamment dans les médias et alignement des politiques successives malgré les alternances, d'où une perte de repères des citoyens ; sentiment d'abandon et d'éloignement croissant, impression de ne pas être représenté ou écouté ; pouvoir technocratique de plus en plus prégnant du fait de la complexité technique grandissante des dossiers ; apparence d'un manque de consistance et dérives de certains concepts fondateurs : intérêt général, bien commun, chose publique, liberté, égalité, solidarité, souveraineté du peuple, droits de l'Homme...

À ces défaillances profondes de nos sociétés politiques s'ajoutent les montées des inégalités et de l'extrême pauvreté, les phénomènes d'exclusion et de violences des communautés qui ne sont pas réservés aux pays dits du Sud. Tous les pays du Nord les vivent à des degrés divers et les réponses n'apportent pas les solutions espérées.

L'État et le secteur public sont ainsi tous les jours un peu plus affaiblis. Participent à cet affaiblissement les politiques de privatisation censées rendre plus compétitifs des secteurs entiers d'une économie qui s'affiche encore nationale, la décentralisation des compétences sans les ressources publiques correspondantes, la dilution de l'intérêt public et du bien commun dans des intérêts privés.

Nombreux sont les acteurs qui dénoncent cette dérive et nous aident à prendre conscience de ces dysfonctionnements au sein de nos quartiers et de nos pays mais également au niveau mondial. Car il est plus difficile de percevoir les dangers de la crise démocratique planétaire. Et pourtant Manhattan, Bagdad ou Beyrouth devraient nous ouvrir les yeux. Car c'est à l'échelle internationale que la question de la gouvernance se pose avec le plus d'acuité.

Le saccage de nos ressources vitales, les crises financières larvées, la montée des extrémismes qui se prolongent en terrorisme meurtrier, les guerres, les mafias, révèlent essentiellement une absence de pouvoir régulateur au niveau mondial. Les mécanismes de régulation politique inventés au sortir de la dernière guerre mondiale sont dramatiquement impuissants. Le système des Nations unies, comme seule et unique réponse aux crises culturelles et politiques que vivent nos sociétés, est incapable d'apporter une solution politique aux dérives de l'économie de marché.

Et ces défaillances mettent en danger la sécurité de la planète et la paix si chèrement préservée depuis la folie du dernier conflit mondial. Les errances de la politique américaine renforcent cet état de fait. Déclarer la guerre à un pays en passant outre les fragiles, mais réels, processus de concertation internationale, et c'est la paix qui s'éloigne[63].

Nous restons impuissants car tous nos cadres sautent les uns après les autres. Les concepts sur lesquels sont construites nos démocraties sont remis en cause. Quel sens revêt aujourd'hui la représentation nationale ? Qui détient la légitimité ? Et de quelle légitimité parle-t-on ? Celle du vote, du nombre, de l'argent ? Aujourd'hui, nous sommes plus limités par notre imagination que par nos capacités technologiques. Nous avons besoin de philosophes et nous avons des ingénieurs. Et le fait de qualifier la démocratie *d'électronique* traduit parfaitement cette évolution.

– Le concept d'*e-democracy* ou de démocratie électronique porte en lui la fascination de nos sociétés pour des technologies qui seraient à même de guérir tous nos maux.

À lire certains chercheurs, politiques ou journalistes, les réseaux numériques seraient capables d'offrir à la démocratie un champ d'action illimité, de faire participer le plus grand nombre à la définition des politiques publiques, en minimisant très souvent les risques de voir l'information manipulée et les réseaux numériques utilisés à des fins plébiscitaire ou populiste. La

63. Nos vieux États européens le savent, et ce n'est pas un hasard si la France, l'Allemagne et la Russie ont pris l'initiative de s'opposer à la volonté américaine. La Seconde Guerre mondiale a fait plus de 50 millions de morts ; on estime à 50 000 le nombre de soldats américains morts pendant toute la durée de la guerre du Vietnam,
http://perso.club-internet.fr/erra/COUMES/BILAN-39-45.html

technologie serait aux yeux de certains suffisante pour responsabiliser le citoyen. Quant aux sondages d'opinion, ils seraient permanents et permettraient ainsi d'éviter les médiateurs entre le citoyen et la décision politique, médiateurs vus comme ayant un rôle néfaste dans un rêve utopique de démocratie directe. Avec son pendant, « l'idéal d'un citoyen omnicompétent, capable de réactions raisonnées quels que soient les problèmes soulevés par la vie publique[64] ».

Comme souvent la réalité est à mi-chemin entre ces deux possibles, renouveau démocratique et danger populiste. Mais si nos démocraties représentatives sont contestées aujourd'hui, c'est davantage dans leur fonctionnement que dans leur principe.

La représentation politique se transforme. Elle s'élargit et s'exprime selon d'autres modalités que le vote. Le débat politique émerge dans de nouveaux espaces et les acteurs politiques se multiplient.

Le fait d'associer à ce concept de philosophie politique, certes imprécis mais ô combien primordial pour l'avenir de nos sociétés, un constituant électronique, nous amène à deux démarches distinctes.

– La première, à court terme, consiste à voir dans la e-démocratie et l'usage de certains outils électroniques un moyen de faciliter le vote de citoyens abstentionnistes ayant perdu la confiance dans leurs élus ; à répondre enfin à l'obligation de transparence en publiant en ligne les délibérations d'un conseil municipal ou le budget d'une collectivité publique ; ou encore à améliorer les services publics.

Ici la e-démocratie est entendue comme une « utilisation par le secteur public des technologies de l'information et de la communication dans le but d'améliorer la fourniture d'information et de service, d'encourager la participation du citoyen au pro-

64. Viviane Serfaty, *op. cit.*

cessus de décision et de rendre le gouvernement plus responsable, transparent et efficace[65] ».

– La deuxième démarche s'inscrit dans le long terme et a notre préférence : la e-démocratie poserait la question de la gouvernance de nos sociétés politiques. Elle nous obligerait à nous interroger sur le fonctionnement démocratique de nos sociétés, à rechercher ensemble, à l'ère des réseaux, les moyens d'inventer un nouvel exercice du pouvoir et, toujours et encore, à trouver les moyens de satisfaire l'intérêt général d'une collectivité humaine.

Dans le cadre de la première démarche, nous voyons depuis quelques années un certain nombre de gouvernements et tout particulièrement d'organisations intergouvernementales, publier rapports et recommandations devant assurer une meilleure gouvernance. C'est le cas par exemple du rapport de la Commission européenne, de celui de l'Unesco[66] ou encore de l'excellent travail de l'OCDE.

Il s'agit prioritairement d'améliorer les relations entre administrations et citoyens, et la qualité de la prise de décision. La dynamique suit un mouvement descendant, de l'État vers la population. À l'État, au travers de ses administrations, de veiller à assurer l'information, la consultation et la participation du public dans les processus de décision. La démarche est donc *« top down »*, du haut vers le bas, et non *« bottum up »*, du bas vers le haut.

Dans la plupart des pays, des législations et des institutions ont été mises en place pour assurer l'information des citoyens. Plus rares sont les mesures concernant les modalités de consultation et pratiquement inexistantes celles favorisant

65. Définition de l'Unesco, http://portal.unesco.org/ci/fr/ev.php-URL_ID=3038&URL_DO=DO_TOPIC&URL_SECTION=201.html

66. Unesco : http://portal.unesco.org/ci/fr/ev.php-URL_ID=3038&URL_DO=DO_TOPIC & URL_SECTION=201.html ;
Union européenne : http://europa.eu.int/comm/governance/index_fr.htm

l'émergence de propositions nouvelles de la part des citoyens et permettant de les intégrer au processus de décision.

La caractéristique principale de cette démarche institutionnelle et publique est qu'elle ne remet pas en cause, ni même ne questionne les systèmes représentatifs existants. Elle tente de remédier aux dysfonctionnements de nos démocraties. Elle n'invente aucun nouveau système. Elle érige même en vertu ou en progrès, ce qui aurait toujours dû constituer les règles de base du fonctionnement d'un État démocratique.

La deuxième démarche est plus ambitieuse : elle questionne le modèle démocratique. Il ne s'agit plus d'améliorer et de rendre effectives les obligations de tout gouvernement démocratique. Il s'agit de s'interroger sur le rôle des partis politiques et de toutes les structures de médiation politique, d'observer les transformations de l'espace public, d'identifier les valeurs montantes et structurantes de toute société politique, de suivre les dynamiques des mouvements sociaux et citoyens et l'invention de nouvelles formes d'action politique. On entend, par cette approche, revisiter nos conceptions particulières de la citoyenneté, de la légitimité et de la représentation politique.

La mutation politique

Tous les concepts sur lesquels sont assis nos systèmes politiques sont en pleine mutation : les légitimités, la représentativité, l'opinion publique, le vote, l'espace public et les acteurs politiques vivent une profonde transformation.

Le système démocratique est fondé sur la loi de la majorité et cette majorité est désignée lors d'un vote. C'est cette majorité qui détient le pouvoir et qui peut le déléguer à des représentants. Ceux-ci tirent leur pouvoir et leur légitimité du fait qu'ils représentent la majorité.

Les légitimités se déplacent. Elles ne sont plus issues exclusivement du vote majoritaire, mais proviennent également de capacités d'expertise et d'intelligence mises au profit de la communauté. Ou encore d'une proximité avec le « terrain » qui permet de connaître au plus près les besoins des populations, destinataires de la décision politique. La légitimité peut également être issue du nombre et/ou de la qualité des personnes représentées.

De plus, trop souvent aujourd'hui, nos mêmes représentants sont accusés de défendre des intérêts qui sont davantage ceux d'une minorité qui n'est pas la plus nécessiteuse. Sans entrer ici dans le débat de la corruption des élus, il est vrai que les électeurs ne se retrouvent plus dans les mesures que peuvent prendre leurs représentants.

Autre transformation d'importance : grâce aux réseaux numériques, l'opinion publique devient réelle. Elle n'est plus cette masse ne s'exprimant qu'imparfaitement lors de sondages. Elle ne se traduit plus uniquement par des pourcentages réducteurs de *pour* ou de *contre*. Le net devient le plus fertile terreau de cette opinion. Et celle-ci se diversifie. Elle n'est plus seulement quantitative.

Dans nos sociétés numériques, l'opinion n'est plus informe, massive, virtuelle. Elle est éclatée en autant de minorités et de groupes d'intérêts qui existaient avant l'entrée dans la société numérique, mais qui n'avaient pas de visibilité globale. Aujourd'hui, ces groupes sont bien visibles sur les réseaux, dans toute leur richesse et leur diversité.

C'est pourquoi, il nous faut rechercher de nouveaux dispositifs à même de gérer la complexité de ces minorités, de les rassembler, de manière à bénéficier de toute leur créativité et de répondre au mieux à leurs attentes sans mettre à mal le bien commun de l'ensemble de la collectivité.

Le vote va devoir changer de nature. Il était adapté à une démocratie de masse. Il ne l'est plus dans un système complexe d'intelligence multiple. Il servait à déterminer une majorité. Il doit maintenant servir à donner une vision qualitative d'une opinion publique éparpillée mais structurée. Avec les réseaux et les outils numériques, nous avons les moyens de voir en profondeur les diverses facettes de la population d'un territoire.

L'expression libre et immédiate d'un nombre toujours plus important de personnes sur les réseaux relance la question sans cesse repoussée : « Qui les mandataires représentent-ils vraiment ? » Lorsque les électeurs ne sont pas d'accord entre eux, lorsqu'ils changent d'avis et n'adhèrent plus à la position de leurs représentants, le consensus n'existe plus. Et le réseau n'aide pas obligatoirement à la formation d'un consensus.

Ici encore, il va falloir faire preuve d'inventivité, car nos anciens espaces de consensus ne semblent plus adaptés à l'ère des réseaux. Dans les assemblées de représentants du peuple, les élus pouvaient concilier les points de vue de minorités ou négocier avec la majorité pour parvenir à des compromis. Aujourd'hui, nos élus ne maîtrisent pas les réseaux ni leurs contenus. Ils ne savent rien de l'ensemble des revendications, des intérêts, des volontés des multiples groupuscules dont ils sont officiellement les représentants. Et même dans le cas d'un élu internaute accompli, il faudrait des capacités surhumaines pour connaître et analyser l'ensemble de ces informations, potentiellement aussi nombreuses que les électeurs.

Aux côtés des assemblées représentatives, de nouveaux espaces d'expression politique voient le jour, peuplés de nouveaux acteurs.

L'espace public est ce monde réel ou virtuel où s'échangent les discours des divers acteurs qui composent une société ; celui où les opinions sont librement et publiquement exprimées par des personnes. Et ces acteurs revendiquent le droit à ce que leurs opinions influent ou déterminent les actions, le personnel ou la structure de leur gouvernement.

Ces nouveaux espaces publics peuvent être réels ; ainsi, les manifestations de Seattle, Gênes, Québec, Porto Alegre, témoignent non seulement de l'émergence d'une contestation planétaire mais surtout d'un mouvement porteur d'alternatives. Mais les nouveaux espaces publics sont majoritairement virtuels.

L'espace public acquiert une nouvelle dimension du fait de la multiplication des communautés virtuelles. Les réseaux numériques augmentent, comme nous l'avons vu, les capacités de création et de diffusion de l'information ; mais incitent également au débat, à la confrontation, à l'argumentation et à la proposition.

L'espace public est en extension permanente du fait même du fonctionnement du réseau par liens de capillarité. De la même façon, la connexion relie des amis d'amis, des mouvements de mouvements et rapproche potentiellement les communautés de militants des non-militants. Comme le soulignent les travaux de Fabien Granjon, « cette mise en lien qui se répand bien au-delà des communautés militantes constituées démontre au passage la porosité des frontières entre les "nous" militants et les "ils" non militants[67] ». Et cette porosité est facilitée par la plus grande souplesse de la participation et de l'implication sur les réseaux. Il ne s'agit plus d'adhérer formellement à une organisation institutionnalisée. Vous pouvez apporter votre soutien en ligne ou en participant ponctuellement à une manifestation de rue pour une cause déterminée. Il y a donc un réel potentiel d'extension de la mobilisation par la prise de conscience des problèmes et par l'identification des acteurs.

Et c'est ainsi que dans ces nouveaux espaces d'expression citoyenne, de nouveaux acteurs et leaders apparaissent. Tant au niveau local qu'au niveau international, des hommes et des femmes responsables cherchent à tâtons des nouveaux processus de décision collective, de nouveaux modes de concertation, interrogent les notions de représentativité et de légitimité, tentent d'inventer un nouveau mode d'exercice du pouvoir.

Cette révolution culturelle et politique ne pourra s'effectuer que dans la durée. Et à l'heure actuelle, les États semblent incapables d'inventer de nouvelles formes de gouvernance démocra-

67. Fabien Granjon, interview, novembre 2001, http://www.netpolitique.net/php/interviews/interview16.php3

tique. Ce manque d'imaginaire de la part des États nous oblige à tourner nos regards vers les acteurs locaux et vers une société civile mondiale où l'idée d'un renouvellement démocratique fait son chemin à grands pas.

9.
Villes et territoires, laboratoires d'une nouvelle gouvernance

L'approche locale est fondamentale. Partir de la ville nous oblige à plonger dans le concret et à revenir aux sociétés telles qu'elles sont aujourd'hui. Oublions la technologie et considérons encore et toujours les hommes et les femmes qui font les sociétés, les valeurs universelles, le bien commun et l'intérêt général.

Nous sommes convaincus que les villes peuvent contribuer d'une manière décisive à l'invention de nouveaux modes de régulation politique, à de nouvelles modalités d'exercice du pouvoir et que leurs efforts d'imagination et leur créativité peuvent s'avérer utiles à l'échelle nationale et internationale. D'où la nécessité de souligner l'expertise que les villes réalisent sur les usages des nouvelles technologies numériques et de renforcer leur légitimité sur la scène internationale.

Les villes à l'ère numérique : une légitimité renforcée

La légitimité des villes à l'échelle internationale tient à plusieurs facteurs. D'une part, nous savons que la grande majorité de la population mondiale est appelée à vivre dans les villes. Alors qu'en 1950 seulement 29 % de la population mondiale vivait dans les zones urbaines, les Nations unies prévoient que ce chiffre s'élèvera à 65 % en 2025. D'autre part, les compétences accordées aux villes et régions, et leur légitimité d'action sont en croissance constante – sans d'ailleurs que les ressources afférentes le soient. Les villes investissent par nature l'ensemble des champs de l'activité humaine : éducation, santé, transport, savoirs, aménagement du territoire, habitat, environnement, développement économique et social, emploi…

Enfin, aucun autre pouvoir n'a de relation de proximité aussi étroite avec la population et les électeurs que le pouvoir local. Cela lui permet de connaître précisément la demande sociale des habitants, mais aussi d'expérimenter en taille réelle, et de manière la plus appropriée possible, des politiques ou des « techniques » utiles à une gouvernance plus démocratique. C'est sur le territoire de la ville que peut être privilégiée l'approche socioculturelle des technologies de l'information et de la communication[68].

Cette proximité permet aussi de livrer au débat public des questions chaque jour plus difficiles et de contribuer ainsi au renouvellement des idées et des initiatives susceptibles d'apporter des réponses. En laissant l'opportunité à un nombre croissant d'individus de devenir un peu plus « acteurs et auteurs » de leur vie par le biais d'une implication collective, la ville

68. Alain d'Iribarne, « Pour une approche socioculturelle des autoroutes de l'information », *in* Alain His, Multimédia et communication à visage humain, Vers une maîtrise sociale des autoroutes de l'information, Matériaux pour un débat. Paris, Fondation Charles Léopold Mayer et *Transversales Sciences & Culture*, coll. « Dossier pour un débat » n° 56, 1996.

contribue à s'attaquer au cœur de la crise de nos sociétés : construire du sens et de l'identité.

La ville semble aujourd'hui l'espace le plus adapté à l'émergence de nouvelles formes démocratiques. Les expériences se développent : comités et conseils de quartier, commissions extra-municipales, enveloppes budgétaires participatives, procédures de consultation des citoyens, etc. Les technologies numériques rendent possibles des processus d'information et de consultation jusqu'ici irréalisables, ou viennent décupler la portée des initiatives existantes. Au niveau national et international, cette inventivité démocratique renforce la légitimité des villes ; il s'agit bien sûr de la légitimité du suffrage universel, mais peut-être encore davantage de la légitimité de l'action, de l'expertise, du savoir-faire. Et ceci tout particulièrement dans l'appropriation des réseaux numériques. Participation, nouvelle gouvernance, pratiques innovantes, lutte contre l'exclusion numérique, définition des usages, etc., les politiques municipales et régionales ont beaucoup d'avance sur les grands programmes nationaux. Pour ne rien dire des usages créatifs émergeant des tissus sociaux et associatifs qui font le territoire. L'expertise des villes est résolument à mettre en avant[69]. À l'ère numérique, qu'il s'agisse de l'école, de l'accès et de la formation à ces technologies ou encore de la coopération et de l'aide au développement, les pouvoirs locaux ont un rôle décisif à jouer.

Cette expertise locale, resituée dans le cadre de l'étude du rôle de l'État et de la recherche de nouvelles formes de régulation mondiale, donne aux villes et aux régions une légitimité d'acteurs internationaux à part entière. Cette légitimité s'appuie sur le développement et l'exploitation de leurs savoirs en matière d'usages des technologies au profit des besoins des populations, non solvables, ainsi que sur l'expérimentation de nouvelles formes démocratiques qui contribuent à construire une

69. C'est dans cet esprit que les villes de Lyon et de Genève ont pris l'initiative conjointe de réunir le premier Sommet mondial des villes et des pouvoirs locaux sur la société de l'informatio, www.cities-lyon.org

gouvernance mondiale. L'exemple du réseau international d'administrations publiques qui entendent promouvoir le logiciel libre est à ce titre révélateur[70].

La question de la légitimité des pouvoirs locaux permet de s'interroger sur la représentativité exclusive des États reconnue par le droit international. Elle fait écho aux très anciennes relations entre pouvoirs locaux et pouvoir central, et aux menaces existentielles permanentes exercées d'un côté comme de l'autre ! Ces craintes sont toujours vivantes, l'invention de l'État moderne étant très récente comparée à l'existence séculaire de la ville, mémoire des cultures et des peuples. Et pourtant, les villes et les régions n'ont qu'une reconnaissance très récente et très limitée sur la scène internationale.

C'est le Conseil de l'Europe qui le premier a reconnu l'importance de la représentation des pouvoirs locaux et a créé la Conférence permanente des pouvoirs locaux et régionaux de l'Europe, remplacée en 1994 par le Congrès des pouvoirs locaux et régionaux de l'Europe (CPLRE)[71]. L'Union européenne a instauré par le traité de Maastricht, le 9 mars 1994, le Comité des régions[72]. Au niveau des Nations unies, le sommet d'Istanbul, en 1996, a été marqué par l'émergence des collectivités locales sur la scène internationale. Simultanément, le mouvement municipal s'organise internationalement ; on assistera en 2004 à l'unification du mouvement mondial des collectivités locales avec la fusion de trois grandes associations internationales, la FMCU, IULA et METROPOLIS, au sein de l'organisation Cités et gouvernements locaux unis (CGLU)[73].

Il aura donc fallu attendre le milieu des années 1990 pour assister à l'émergence des collectivités locales en tant qu'acteurs

70. Colloque et déclaration de Barcelone 2004, http://www.lafarga.org/xarxa/
71. http://www.coe.fr/cplre
72. www.infoeurope.fr/europe.web/document.dir/fich.dir/QR000872.htm
73. http://www.cities-localgovernments.org/uclg/index.asp?L=FR

collectifs et organisés sur la scène internationale. Elles rejoignent ainsi les organisations non gouvernementales et les mouvements sociaux, qui s'étaient fait reconnaître au cours des conférences précédentes, de Rio à Copenhague[74].

Parallèlement à cette reconnaissance internationale, et vraisemblablement en relation avec elle, les expériences et les savoirs des villes sur l'appropriation des réseaux électroniques, mis au service de la démocratie locale, se sont largement développés. Ces expériences locales nous permettent de dresser une première série de constats, et posent des questions qui se retrouvent à d'autres niveaux de pouvoir, national ou international. Si les réponses apportées ne sont pas identiques, les questions contribuent à faire avancer la réflexion sur la gouvernance. C'est ainsi que les questionnements sur les stratégies politiques multipartenariales ou sur l'évolution du rôle de l'élu et de sa légitimité se retrouvent à diverses échelles décisionnelles. Il en va de même pour l'agencement des relations entre la municipalité et les divers acteurs locaux dans les processus de conception et de mise en œuvre des politiques. Quels sont la place et le rôle des acteurs sociaux dans ces processus décisionnels ? Comment les élus peuvent-ils susciter le dialogue avec les citoyens via les réseaux numériques sans se trouver submergés par une demande qu'ils seraient dans l'incapacité de traiter, créant ainsi de la frustration et de la défiance, là où il s'agissait de rétablir le dialogue et la confiance ?

Autant de questions auxquelles les acteurs locaux proposent des réponses, en examinant les rapports de pouvoir sur le territoire local et en expérimentant l'usage des réseaux numériques au profit d'une démocratie locale renouvelée.

---

74. Gustave Massiah, *Le débat international sur la ville et l'habitat après Habitat II*, juin 2000,
http://www.globenet.org/aitec/chantiers/urbain/habitat2/bilan.htm

Réseaux numériques et démocratie locale : des expériences innovantes

L'évolution des comportements politiques porte d'abord et essentiellement sur une démocratisation de l'information. Pour participer activement à la vie politique, il faut en connaître les enjeux et identifier les décisionnaires, et c'est en cela qu'Internet peut devenir un formidable outil de citoyenneté. Le fait que les citoyens puissent consulter à tout moment une information mise à jour régulièrement est déjà un énorme progrès. La rubrique « information et transparence » du site e-democratielocale-info nous donne un aperçu intéressant de villes françaises portant à la connaissance des habitants tant des projets urbains que les budgets municipaux, ou encore les délibérations du conseil municipal[75]. La mise à disposition de ces informations était certes une obligation légale bien avant l'Internet. Mais le citoyen curieux devait se rendre à la mairie où il était rare que ces informations lui soient fournies sans réticences. Dans ce sens, l'entrée dans l'ère numérique des pouvoirs locaux a renforcé la démocratie locale. Ici encore, derrière cette meilleure accessibilité à l'information se profile un profond changement culturel : la municipalité ne doit plus se considérer comme seule détentrice et diffuseur de l'information sur la ville. Les logiques de sites Internet dits portails, développées par certaines municipalités, permettent de relier et de réunir diverses sources d'information et de donner une visibilité à la diversité des acteurs qui font la ville[76]. C'est un premier pas vers un partage du pouvoir : celui de diffuser une information parmi les acteurs locaux. Au-delà, on rencontre des logiques d'autopublication et d'écriture collective suscitées et accompagnées par les municipalités[77]. De

75. http ://www.e-democratielocale.info/UPLOAD/rubrique/pages/33/33_rubrique. php
76. C'est le cas par exemple de la mairie du XIIIe arrondissement à Paris, http://www.mairie13.paris.fr/mairie13/jsp/site/Portal.jsp
77. Programme de la ville de Brest, www.ecrit-public.net

même, le phénomène des blogs transforme profondément notre rapport au pouvoir d'information ou de décision [78].

On comprend dès lors tout l'enjeu de poursuivre la politique d'offre d'accès qui est aujourd'hui celle des pouvoirs locaux. Promouvoir l'égalité d'accès est certes nécessaire, mais reste insuffisant. Il convient d'assurer parallèlement une égalité d'usage par la mise en place d'un dispositif humain d'accompagnement et de formation [79]. Dans ce cadre, il faut mener des politiques actives à même de développer les aptitudes à utiliser l'information [80]. La plupart des villes ont choisi de s'appuyer sur leurs établissements scolaires. Le rôle des écoles est ici primordial. Parallèlement, il est urgent de redonner aux bibliothèques municipales publiques leur rôle dans la préservation et la construction d'un savoir, bien public de l'humanité, sans oublier de les doter des moyens nécessaires. Le rôle des associations est également incontournable [81].

Enfin, on sait que la mise en place des points d'accès à Internet doit être privilégiée dans des lieux existants ; la création de nouvelles structures d'accueil est à éviter. Il s'agit d'installer des ordinateurs connectés dans des lieux publics ou semi-publics de proximité déjà utilisés et fréquentés par les habitants. Ceci permet également aux différents publics d'associer l'usage de l'Internet à un projet et d'en percevoir ainsi plus facilement l'utilité [82]. Cette approche, un « outil pour un projet », est

78. Article de Mathieu Vallet, « Les blogs citoyens, acteurs de la vie locale », http://www.place-publique.fr/article641.html.

79. L'association québécoise L'@venue a développé le logiciel arrondissement.com dont l'utilisation est expliquée aux habitants de chaque arrondissement par les associations du quartier partenaires du projet. www.lavenue.org.

80. À l'image de la ville de Brest, www.participation-brest.net.

81. Formation à l'écriture proposée par l'association Place Publique, www.place-publique.fr.

82. Florence Durand Tornare et François Mancebo, « L'accès public à Internet, une chance pour une reterritorialisation sociale », in *Cités en réseaux, cahiers pratiques du développement numérique des territoires*, Paris, La Documentation française, 2002.

primordiale dans l'appropriation sociale et dans la formation à la participation.

La conviction partagée par un nombre croissant d'acteurs locaux (élus, chefs d'entreprises, enseignants, animateurs associatifs, etc.) est que ces technologies apportent effectivement des réponses à des problèmes très réels sur le territoire local. Dès lors, il ne faut pas concevoir une politique en faveur des technologies de la communication comme une nouvelle dimension sectorielle de la politique locale, mais bien comme une stratégie transversale à l'ensemble de ces politiques. Ce n'est pas une politique de plus mais une politique qui intègre toutes les politiques existantes.

Dans le même esprit, il est indispensable d'analyser de manière approfondie les besoins des populations et leur satisfaction. Il s'agit de faire émerger chez les citoyens une demande réelle de services et de voir comment les technologies peuvent satisfaire cette demande ; cela passe par la réalisation d'enquêtes sur les attentes et les besoins de toute la population.

Une des expériences les plus avancées dans ce sens est celle de la ville de Bologne, en Italie, que nous relate sa responsable, Leda Guidi : « L'exemple le plus récent est celui de l'urbanisme participatif. On a mis en place une plateforme de débat citoyen autour de l'élaboration de ce plan d'urbanisme de la ville associée à des réunions de quartiers sur des thématiques précises. Et nous avons recherché à prolonger ces débats sur Internet par des forums, des consultations via e-mail, des questionnaires. Et bien sûr, nous avons mis en ligne toute la documentation utile, visuelle ou textuelle ainsi que toutes les vidéos réalisées lors des réunions des groupes de travail. Nous avons suscité l'apparition de véritables écoles de la démocratie sur des cas concrets[83]. »

Cette démarche qui consiste à faire remonter la parole des habitants semble indispensable, même si elle est peu spectaculaire car elle donne à l'ensemble de la population la possibilité

83. Interview de Leda Guidi, 25 novembre 2005, www.eclm.fr

d'être partie prenante du processus. Il convient toutefois d'aller plus loin en inversant la démarche : ouvrir des espaces publics où les habitants peuvent construire une parole collective. Ensuite se mettre en capacité d'écoute et d'accompagnement quant aux enseignements de ce processus. Aujourd'hui on tente de transposer sur l'Internet des modes de participation existants, telles les réunions de quartier par exemple. Mais l'idéal serait certainement de ne pas faire de parallélisme et de s'interroger sur ce que l'on peut faire directement par et via les réseaux numériques.

Parallèlement à l'identification des besoins des habitants, les collectivités territoriales agissent très concrètement tant au niveau des infrastructures qu'au niveau des contenus, de l'appropriation sociale et de l'invention des usages. Un grand nombre de données existent aujourd'hui, qui permettent de mieux percevoir l'immense créativité des territoires et des acteurs locaux. De nombreux sites donnent à voir ce que font les villes de ces technologies et réseaux. En France, on ne saurait trop souligner l'excellent travail de l'équipe de Villes Internet[84], dont le site rassemble près de 1 000 collectivités territoriales et une base de données riche de milliers de pratiques locales, sans oublier les travaux de e-démocratielocale regroupant les réseaux au service de la participation citoyenne[85]. De nombreuses agences régionales pour la promotion des technologies de l'information sont également d'excellentes sources d'information sur les initiatives locales[86]. Au Royaume-Uni, le site du réseau e-democracy et du Centre international d'excellence pour la démocratie locale est à visiter[87]. Tout comme aux États-Unis, l'expérience passionnante et très originale du wiki « beyong voting », qui propose à

84. http://www.villes-internet.net/
85. http ://www.e-democratielocale.info/index.php
86. Voir le site de Synapse, observatoire de la société de l'information en Pays de la Loire, http://www.synapse.paysdelaloire.fr/Observatoire/Veille+TIC/Synapse+participe/des+réseaux.htm
87. International Centre of Excellence for Local eDemocracy, http://www.e-democracy.gov.uk/default.htm

tous les habitants d'imaginer la ville de New York de demain grâce aux technologies en réseaux[88].

En Europe, le réseau Telecities, devenu le forum de la connaissance du réseau Eurocités, œuvre depuis de nombreuses années pour mobiliser les pouvoirs locaux autour des enjeux et des pratiques des réseaux numériques[89]. Le très intéressant rapport *Bowling Together : Online Public Engagement in Policy Deliberation* donne un bel aperçu d'expériences européennes de participation active des citoyens aux prises de décisions[90].

À l'international, les sites du réseau Global Cities Dialogue[91] ou de l'Association internationale des maires francophones (AIMF) présentent des réalisations de villes partout dans le monde. Les grands réseaux de pouvoirs locaux ont également des rubriques sur la société de l'information tel que le réseau des Cités et gouvernements locaux unis[92].

Le site du sommet de Lyon, premier Sommet mondial des villes et des pouvoirs locaux sur la société de l'information[93], compte également de nombreuses expériences locales. Le Sommet mondial des Nations unies sur la société de l'information a constitué un premier cadre d'expérimentation pour les nouvelles modalités de gouvernance mondiale. Les villes et les pouvoirs locaux ont organisé leur propre sommet, en décembre 2003 à Lyon, puis à Bilbao en 2005, quelques jours avant le sommet des chefs d'État et de gouvernement. Ils y ont élaboré une déclaration des pouvoirs locaux sur la société de

88. http://beyondvoting.wikia.com/wiki/Beyond_Voting
89. http://www.eurocities.org/main.php
90. Stephen Coleman et John Gøtze, *Bowling Together: Online Public Engagement in Policy Deliberation*, voir tout particulièrement le chapitre 5 du rapport, http://bowlingtogether.net/chapter5.html
91. http://www.globalcitiesdialogue.org/ et http://www.aimf.asso.fr/
92. http://www.cities-localgovernments.org/uclg/index.asp?L=fr
93. http://www.cities-lyon.org/fr/contributions.html

l'information, qui constitue une des premières prises de position officielles adoptées par un si grand nombre d'élus locaux sur la société de l'information et les principes qui doivent la régir[94].

Un fait illustre parfaitement les politiques souvent avant-gardistes des villes : leur implication dans la promotion du logiciel libre, mais également l'exploitation locale de nouveaux supports, tels que la télévision ou le téléphone.

En matière de logiciel libre, les villes sont particulièrement actives, en France, qui distribuent gratuitement depuis déjà deux ans un cédérom d'une compilation de logiciels libres de haute qualité, utilisables sous Windows. Le réseau Adullact, réseau des développeurs et des utilisateurs de logiciels libres pour l'administration et les collectivités territoriales, entend constituer un patrimoine commun de logiciels libres utiles aux missions de service public[95]. Au Brésil, un grand nombre d'États régionaux utilisent les logiciels libres, et cela sous l'impulsion de l'Association brésilienne pour la promotion du logiciel libre[96] qui a également œuvré à la naissance du réseau international des administrations publiques qui entendent promouvoir le libre[97]. Suite à ces initiatives locales, ce sont les gouvernements qui prennent le pas, comme en Inde où 3,5 millions de cédéroms contenant des logiciels *open source* ont été distribués[98].

En matière d'usage de nouveaux supports comme la téléphonie mobile et la télévision locale, citons l'exemple de la ville de Nantes. En janvier 2005, TéléNantes, SFR et Motorola ont lancé une expérience pilote avec cent téléspectateurs locaux qui ont pu adresser régulièrement à TéléNantes, grâce à leur téléphone mobile 3G, des séquences vidéo pour faire partager leurs coups de cœur, leurs surprises, leurs interrogations sur les grandes

94. www.cities-lyon.org
95. http://www.adullact.org/
96. http://portal.softwarelivre.org/
97. http://www.lafarga.cat/xarxa/en/presentation
98. http://www.zdnet.fr/actualites/informatique/0,39040745,39226891,00.htm

questions de la vie locale et sur des sujets d'actualité. Quelque 1260 séquences vidéo ont été envoyées au terme des vingt et une premières semaines; 60 % d'entre elles ont été diffusées à l'antenne.

Autre exemple: depuis septembre 2005, une opération est réalisée en partenariat avec la ville de Rennes. Elle permet aux Rennais d'exprimer leurs points de vue ou leurs témoignages sur la vie de leurs quartiers, d'échanger entre eux et avec leurs élus, via le moblog (blog mobile) dénommé « Tout Rennes Blogue ». Chacun peut consulter l'ensemble des contributions sur un site web dédié (moblog.rennes.fr), mais aussi depuis un mobile.

Ces expériences sont appelées à se développer en France. L'opérateur SFR est également partenaire de Télé Lyon Métropole, Télé Toulouse, TV Grenoble et La Chaîne Marseille. Et lorsque l'on sait que le téléphone portable est aujourd'hui un média de masse avec 45 millions d'usagers français en 2005 et que les débits sont de plus en plus rapides, on peut envisager un développement de ce mode d'expression publique[99].

Il est primordial de ne pas voir dans ces démarches locales de simples gadgets, appelés à passer de mode. Ce qui s'expérimente au travers de ces pratiques, ce sont de nouvelles modalités de production et de diffusion de l'information, de nouveaux modes de participation sur un territoire donné et, encore et toujours, de nouveaux rapports au pouvoir et au politique.

L'analyse du changement : nouvelle conception du pouvoir et du rôle de l'élu

C'est dans ce cadre politique que s'inscrit l'ensemble de la réflexion sur l'évolution des systèmes de communication: derrière la participation se profile la question du partage du pouvoir, question qui oblige à repenser l'essence même de l'exercice de ce

99. http://www.amif.asso.fr/article.php3?id_article=222

dernier. À travers les capacités des acteurs locaux à inventer des usages aux nouvelles technologies de la communication, ce que l'on transforme, c'est l'aptitude des sociétés locales à intégrer le changement sous toutes ses formes : sociales, culturelles, économiques, démocratiques...

Car seule l'intégration de ce changement permettra d'adopter les nouveaux cadres de pensée nécessaires à l'invention de nouvelles organisations sociales et politiques. Il s'agit peut-être davantage de dépasser le modèle représentatif que de l'améliorer.

Les élus doivent partager une partie du pouvoir avec les habitants. Ceci implique que les élus acceptent le fait que les citoyens ne sont pas des électeurs épisodiques, absents et passifs dans l'intervalle séparant deux scrutins, mais qu'ils deviennent régulièrement actifs : qu'ils cherchent à s'informer, à comprendre, à construire une expression individuelle ou collective, à donner leur avis, à proposer, voire à décider. L'élu doit donc reconsidérer son rôle : de décideur quasi exclusif, d'arbitre, il devient facilitateur, catalyseur d'intérêts, accompagnateur des volontés et des savoir-faire locaux.

En observant les usages de l'Internet au service de la démocratie locale, un constat s'impose : l'exercice du pouvoir politique semble trop souvent marqué par les fonctionnements et les schémas de la démocratie représentative traditionnelle (concentration du pouvoir), ce qui le rend partiellement impuissant à résoudre les problèmes économiques, culturels et sociaux dominants. Car cet exercice du pouvoir doit s'inscrire dans la perspective d'un nouveau paradigme qui allierait initiatives issues des pouvoirs locaux et participation des habitants[100].

La révolution informationnelle est une révolution politique et démocratique. Elle déstructure l'État en redéfinissant les cases politiques, économiques et sociales. De verticales, les relations entre les détenteurs du pouvoir et leurs électeurs deviennent

100. Véronique Kleck et Valérie Peugeot, « Des outils pour la démocratie participative », *in Cités en réseaux, cahiers pratiques du développement numérique des territoires*, Paris, La Documentation française, 2002.

horizontales. Or, les élus ne sont pas préparés culturellement au bouleversement engendré par ces technologies. Car il ne s'agit pas seulement d'un moyen pour transformer la communication politique, mais d'un outil pour « faire de la politique autrement ». Les élus doivent être à même de mesurer ce que ces nouveaux médias peuvent apporter aux villes, notamment en termes de démocratie, de proximité, d'animation de l'espace public, de simplification administrative. C'est pourquoi il est primordial de former les élus à cette nouvelle culture numérique.

Le renouveau de la démocratie locale passe par le rétablissement de la confiance dans les institutions publiques. La modernisation des services municipaux et leur capacité à répondre aux attentes des habitants en constituent un des piliers. Dans cette optique, ces technologies, en favorisant la rapidité de traitement, la simplification des procédures et les économies d'échelle, doivent être pleinement intégrées au fonctionnement des services publics locaux. La sensibilisation et la formation des agents administratifs sont un préalable indispensable. D'une manière plus générale, il est essentiel d'apporter aux acteurs de la ville les formations leur permettant de maîtriser les réseaux, voire même de développer leurs propres outils en logiciel libre en fonction de leur besoin spécifique [101].

Au sein de la population, il ne s'agit pas seulement d'apprendre à surfer sur l'Internet et à y trouver l'information recherchée pour satisfaire des besoins individuels. L'apprentissage de l'échange, de la confrontation, du débat et de la construction collective, que permettent ces outils, renforce les identités locales et facilite la participation. Il est important de susciter l'émergence de communautés virtuelles locales d'information et d'échanges de proximité pour initier à cette nouvelle culture numérique.

Les réseaux électroniques locaux, s'appuyant sur des réseaux humains préexistants, sont complémentaires. Cela peut se tra-

101. http://www.adullact.org

duire par la mise en réseau des écoles, des centres culturels, des espaces multimédias par le biais de forums ou de listes de discussion, de dialogue en direct, d'intranet. Ceci doit se faire parallèlement à une implantation rapide d'équipements multimédias interactifs, de façon à permettre aux habitants de s'en saisir, de se familiariser avec leur usage et d'exprimer à travers eux tant leur esprit critique que leur créativité [102].

Car une politique locale mettant les TIC au service de la démocratie ne peut intervenir que dans le prolongement d'une politique de citoyenneté active, ou de manière concomitante, et cela au terme d'un travail de longue haleine visant à former à la participation et à accompagner les initiatives de terrain. Dans ce cadre, le relais associatif joue un rôle essentiel.

On sait que la vie associative est un lieu privilégié d'apprentissage du collectif et de la participation. Mais les associations sont aussi les relais naturels d'une politique active de sensibilisation de la population aux technologies de l'information et de la communication. En effet, elles présentent un triple avantage : par leur proximité, elles sont mieux à même de jouer un rôle de détecteur de l'innovation. La meilleure stratégie de développement local possible est de miser sur la créativité et l'innovation sociale dans tous les domaines de la vie économique, culturelle, sociale et politique. Il faut donc aider les citoyens à être autonomes et créateurs de projets, et faciliter la mise en interrelations des acteurs. Cela passe tant par le tissu associatif que par l'appropriation de l'Internet. En partant du terrain social existant, les citoyens peuvent devenir des concepteurs/créateurs de nouveaux services et de nouvelles techniques. Par ailleurs, les associations constituent des cadres familiers où l'on pourra expliquer de façon privilégiée, au plus grand nombre et en prenant le temps nécessaire, ce qu'est l'Internet, comment on utilise un ordinateur, comment on peut consulter un site et trouver l'information que l'on recherche. Enfin et surtout, on trouve

102. Michel Briand, « la formation à l'animation des sites sous SPIP », http://www.i3c-asso.org/article.php3?id_article=365

souvent au sein des associations des acteurs qui peuvent être considérés comme des innovateurs sociaux, intermédiaires entre concepteurs et usagers, susceptibles de jouer un rôle de « traducteurs » à l'égard de la population, car ils sont à l'interface entre logique technique et logique sociale.

Des laboratoires locaux

Il est évident que la mobilisation des villes et des territoires, tant sur les enjeux internationaux que sur les défis posés par ces sociétés de la connaissance et de la créativité, est un vaste chantier et que ces débats se poursuivront dans l'avenir.

L'urgence immédiate est de corriger la manière d'aborder les technologies de l'information et de la communication. Il faut cesser de vouloir plaquer, par le haut, ces outils sur la société telle qu'elle est; cette approche dissocie le social du technologique, le politique de l'économique et privilégie trop exclusivement la solvabilité des usagers et les retours sur investissement. L'équipement des différents publics et des structures en informatique et connectique ne suffit pas à lui seul à créer du lien social. Pour reprendre l'expression d'Alain d'Iribarne, ces technologies doivent s'enraciner dans un « humus culturel et social[103] ».

Il y a donc un choix politique à faire, qui privilégie les usages porteurs de nouvelles créativités, renforce le lien social et favorise des processus d'intelligence collective. C'est sous l'impulsion de responsables politiques précurseurs, à travers les savoir-faire des acteurs locaux et grâce à la mobilisation d'un tissu associatif inventif, que les réponses seront trouvées. C'est l'obscure, mais réelle, approche multipartenariale et le défi d'associer à la décision publique les acteurs locaux concernés.

103. Alain d'Iribarne, « Les Technologies de l'information dans la cité: vie participative et citoyenneté », *Transversales Sciences & Culture*, n° 29, mai-juin 1996.

Dès lors, il faut chercher à reconnaître les légitimités, intégrer les recommandations et les expertises, inventer et utiliser de nouvelles méthodes pour renforcer un processus décisionnel démocratique.

Et ces questions se retrouvent au niveau international, lorsqu'il est question de rassembler les gouvernements, les acteurs du secteur privé et ceux de la société civile.

10.
Nouveaux mouvements sociaux

Dans l'espace international, les réseaux numériques ont facilité la naissance d'un phénomène complètement nouveau : la participation active des acteurs non gouvernementaux dans l'élaboration des politiques publiques à l'échelle supranationale.

Une société civile mondiale... émergente et virtuelle

La société civile est une notion nouvelle aux contours imprécis qui traduit parfaitement le flou dans lequel nos esprits baignent. Il s'agirait d'un ensemble d'acteurs, représentants de collectifs mais non obligatoirement, n'appartenant ni à l'État ni au monde de l'entreprise privée. Ces « représentants délégués » servent une multitude d'intérêts à considérer dans la prise de décision.

Cette société civile a surgi en plein jour lors des grands rassemblements à l'occasion des G7, puis G8. La nature et l'objet des mouvements la composant sont extrêmement divers. On y retrouve des mouvements pacifistes, écologiques, féministes et de droits humains, mais aussi des mouvements dont l'objet premier est de promouvoir la liberté d'expression, tout particulièrement sur les réseaux numériques. On a vu apparaître à différents niveaux de nombreuses initiatives porteuses d'alternatives. Beaucoup sont le fait d'organisations qui ont émergé sur la scène internationale dans les années 1990. « Phénomène nouveau, ces organisations forment des réseaux transnationaux qui consistent à fédérer les réseaux nationaux ou internationaux déjà existants. Ces nouveaux "réseaux de réseaux" multiplient les rencontres, les prises de positions et les actions communes, et privilégient, on peut s'en douter, les nouvelles technologies de l'information et de la communication comme outil principal d'organisation et d'action[104]. » C'est de cette dynamique que sont issus les acteurs de la communication présents aux Forums sociaux mondiaux, à Porto Alegre par exemple, ou encore au Sommet mondial des Nations unies sur la société de l'information.

Parmi ces nouveaux acteurs internationaux, les réseaux de l'Internet citoyen se sont mobilisés pour faire connaître les enjeux et les outils de l'ère numérique, et permettre aux usagers de se positionner, mais aussi d'inventer de nouvelles manières de renforcer l'exercice démocratique. Ces réseaux de citoyens internautes ont joué et jouent un rôle essentiel pour accompagner la mutation vers les sociétés en réseaux et faire en sorte que l'usage de ces technologies soit politiquement orienté de façon à renforcer la démocratie.

Leurs actions sont multiples : ils peuvent informer sur les enjeux et les usages, former les usagers à ces nouveaux outils de l'information et de la communication, valoriser et échanger les expériences et enseignements tirés de ces usages, aider à la décision, faire pression et jouer les interfaces entre pratiques et décision politique. Ce sont des collectifs qui entendent promouvoir un accès égalitaire aux réseaux numériques, telles que les asso-

---

104. Sur l'historique de ces réseaux, voir l'excellent article d'Alain Ambrosi, « Difficile émergence des réseaux de communication démocratique dans l'espace politique global », *in* Serge Proulx et André Vitalis (coord.), *Vers une citoyenneté simulée. Médias, réseaux et communication*, Éditions Apogée, coll. « Médias et nouvelles technologies », 1999.

ciations de promotion et de défense du logiciel libre. Des groupes qui se battent pour les droits à la communication, des mouvements de dénonciation des contenus racistes ou sexistes de l'information, des programmes de formation aux médias.

Dans les communautés des médias, de la communication et des réseaux numériques, on peut schématiquement regrouper les acteurs en trois « familles » : celle des médias traditionnels, celle des médias communautaires et des réseaux citoyens, et enfin les communautés du « libre ».

Ces trois groupes apparaissent clairement au sein des Forums sociaux mondiaux et ont prolongé leur action dans le cadre du Sommet mondial sur la société de l'information.

Le premier groupe d'acteurs s'est réuni autour du journal mensuel français, *Le Monde diplomatique*[105], et d'IPS (InterPress Service)[106], deux organismes très actifs dans la conception même du Forum social mondial. Dans sa composition, ce groupe rassemble principalement des journalistes et des médias traditionnels rejoints par certains activistes. Il se caractérise par une histoire du militantisme de gauche, à composante quasi exclusivement masculine, et au vocabulaire nettement marqué historiquement. Le mouvement se fonde davantage sur l'action de certains individus que sur des collectifs.

Le deuxième groupe, celui des médias communautaires, centre son action sur la reconnaissance des droits de la communication au travers de la campagne CRIS[107]. Cette coalition regroupe tant les médias communautaires, alternatifs et activistes, que les acteurs de l'Internet citoyen, solidaire et non marchand. Le rôle des leaders mais aussi des mouvements constitués de réseaux, d'associations et de collectifs y est prépondérant. Les membres de cette dynamique sont également plus jeunes. Le rôle des femmes dans ce mouvement mérite d'être souligné tant il reste encore limité dans les deux autres familles et dans la plu-

105. http://www.monde-diplomatique.fr/
106. http://www.ips.org/
107. http://www.crisinfo.org/

part des mouvements qui soutiennent qu'un « autre monde est possible » !

Enfin, le troisième groupe est celui des militants du logiciel libre. Ces acteurs et organismes font la promotion de l'usage du logiciel libre et plus globalement entendent alerter sur le danger de la politique des brevets tant pour la création que pour le développement humain.

Les deux premières « familles » inscrivent leurs identités mêmes et leurs revendications en référence au modèle mondial libéral inégalitaire ; la troisième famille nous fait changer de dimension. Les principes, modèles et valeurs qui sous-tendent la logique du « libre » nous projettent dans un monde où les biens se multiplient en se partageant, un monde d'abondance, et non plus de rareté, aux logiques de coopération et de partage. Ici, les mécanismes économiques ou juridiques existants doivent évoluer ou disparaître... et c'est pourquoi le rôle des États et de la puissance publique peut y faire l'objet des mêmes critiques et contestations que celui des entreprises privées !

Revendications et propositions alternatives des mouvements sociaux

Les revendications des réseaux de la communication, soutenues par un nombre croissant de mouvements sociaux, s'inscrivent autour de trois axes majeurs : la liberté d'expression et d'information, les droits de la communication, et la promotion du logiciel libre et des biens communs de l'information.

Les médias traditionnels concentrent leur action sur la défense de la liberté d'expression et d'information. « Tout individu a droit à la liberté d'opinion et d'expression, ce qui implique le droit de ne pas être inquiété pour ses opinions et celui de chercher, de recevoir et de répandre, sans considérations de frontières, les informations et les idées par quelque moyen d'expression que ce soit » tel que le stipule l'article 19 de la Déclaration universelle des droits de l'Homme.

Ces libertés, ainsi que les droits des citoyens à l'information, sont, pour ces militants de la communication, « bafoués par la concentration des grands médias dans des groupes financiers et industriels transnationaux. Ces groupes sont à la fois des acteurs économiques de la mondialisation libérale et des vecteurs idéologiques à son service. Ne plus subir l'idéologie de ces groupes passe :

– par le financement public d'infrastructures techniques accessibles à tous les médias alternatifs ou non commerciaux et permettant à ces médias de coopérer internationalement entre eux ;

– par le soutien à des médias à faibles ressources publicitaires ou refusant la publicité et par la création ou le renforcement de contre-pouvoirs aux médias dominants : formation des jeunes, des syndicats, des mouvements populaires, etc., à l'usage critique des médias par une législation sur le droit de réponse ;

– par une législation favorable donnant aux journalistes des pouvoirs autonomes par rapport aux propriétaires des médias [108]. »

Ces mouvements proposent principalement la création d'un Observatoire mondial des médias puis, dans chaque pays, d'un Observatoire national des médias [109]. D'autres initiatives de dynamique mondiale plus constructives que dénonciatrices ont été lancées. C'est le cas de l'Alliance internationale de journalistes soutenue par la Fondation Charles Léopold Mayer dont l'objectif est de garantir la variété et la diversité des approches de réflexion et d'action sur le thème de la « responsabilité » des journalistes et des producteurs d'information ainsi que de la « responsabilité sociétale » des médias [110].

108. Extrait du panel « mondialisation, information et communication », FSM 2003,
http://www.forumsocialmundial.org.br/dinamic.php?pagina=p_e3_cassen_fr
109. http://www.mwglobal.org/index.shtml
110. Extrait d'un texte de présentation disponible sur le site de l'Alliance internationale de journalistes, http://www.alliance-journalistes.net/

Les médias communautaires revendiquent quant à eux la reconnaissance de leurs droits à la communication. Le droit à l'information, la liberté d'expression et d'opinion sont des éléments essentiels de ces droits à la communication. Ils ont dû être complétés par de nouveaux droits liés aux changements technologiques, lesquels rendent nécessaires une approche plus ouverte de la communication et de l'information[111]. « Entendu comme un droit social fondamental dont les deux principes de base sont l'"accès" et la "participation", le droit à communiquer est beaucoup plus compromettant pour la pratique de la démocratie que le simple "droit d'expression" ou "d'information" qui n'en sont que des composantes[112]. » Ici, nous considérons que cette communication n'est pas réservée à des « professionnels » de l'information, tant dans la production que dans la diffusion. Tout acteur peut être producteur d'information et non simple consommateur.

Dans le milieu des années 1990, on a vu s'établir les premiers liens entre le monde des « médias » et celui des « réseaux » communautaires. Les médias communautaires ont trouvé un second souffle dans le fait de pouvoir diffuser sur l'Internet. Ils proposent prioritairement de travailler au renforcement des politiques publiques dans ce domaine, à la promotion de l'outil et à l'ouverture d'un large débat public sur l'impact et les conséquences des monopoles dans le secteur des communications, tout particulièrement dans le champ des TIC.

Ils entendent limiter le pouvoir du marché et de ses logiques de profit en établissant des normes de régulation publiques, en faisant évoluer les législations sur la propriété intellectuelle – pour garantir la diversité et l'indépendance des sources, la souveraineté et la diversité culturelles, la liberté des ondes et des fréquences, ainsi que les droits des utilisateurs de l'Internet – et en mettant en place des organes indépendants devant permettre

111. Sur la notion de droits à la communication ou à communiquer, voir C.J. Hamelink, *The politics of world communication*, Londres, Sage, 1994.
112. Voir Alain Ambrosi, *op. cit.*

à la société civile de participer à la définition des politiques. Le document le plus complet en termes de propositions est la charte portée par la campagne mondiale pour les droits de la communication (CRIS)[113].

Quant à la promotion du logiciel libre, la communauté brésilienne[114] du « libre » a organisé une table ronde au Forum social mondial de 2005 qui a permis aux militants de faire comprendre comment et pourquoi les régimes de propriété de l'innovation, de la connaissance et de la création ont un impact sur l'organisation du monde.

Cette communauté du « libre » nous engage à faire le lien entre média, en l'occurrence Internet, et action politique. Parmi les familles de médias et de communication porteuses de propositions alternatives, celle de l'Internet est la plus « intrinsèquement, historiquement, culturellement » anti-néolibérale, voire pour certaines de ses composantes anti-étatique.

C'est une des caractéristiques qui la différencient des deux groupes précédents, médias traditionnels et médias communautaires, qui, tous deux, font globalement appel à l'État et à la puissance publique pour réguler les forces du marché et pour garantir la liberté d'expression ou les droits à la communication. Or une partie de cette troisième famille a une orientation clairement libertaire ; elle revendique une certaine hostilité à l'égard de l'État, la défense de l'autonomie de l'individu et de la pluralité des initiatives individuelles et privées.

Pour ces militants, il faut se battre pour assurer l'égalité d'accès et d'usage, la gratuité, les contenus ouverts et la liberté d'expression, et ceci contre les coalitions marché/puissance publique qui permettent les monopoles et les législations – sur les brevets par exemple. Ces acteurs proposent l'adoption de pratiques et comportements alternatifs à cette « propriété[115] ».

113. http://www.crisinfo.org/.
114. http://www.softwarelivre.org/.
115. Déclaration de Genève,
http://www.cptech.org/ip/wipo/genevadeclaration.html.

Deux éléments relient étroitement les enjeux du « libre » aux questions du droit à la communication et plus largement aux luttes altermondialistes :

– « l'information » car le génome d'une plante, la molécule d'un médicament, le code d'un logiciel, l'ouvrage d'un écrivain sont autant d'informations qui occupent une place centrale dans nos sociétés dites de connaissances ;

– la « propriété », c'est-à-dire la manière dont s'organisent la production, la création, la diffusion et la circulation de ces informations ? Selon quels modèles économiques ? Ces informations sont-elles propriété privée ou bien commun ?

Pour ces mouvements de résistance liés au « libre », il est temps de rééquilibrer la donne internationale en élargissant la place donnée aux « biens communs de l'information[116] ».

Les différents acteurs des sociétés numériques, qui proposent des politiques alternatives, doivent faire face à un défi majeur : comment allier entre elles les diverses familles de la communication, mais surtout comment les allier aux autres mouvements, ceux de l'écologie, de la justice sociale, des droits des peuples, des femmes, des jeunes, etc. ?

Nouveaux acteurs

Le phénomène est en cours et ne peut être ignoré : une résistance citoyenne grossit et tente de relier ces mouvements particuliers entre eux mais également à certains mouvements sociaux qui portent d'autres revendications tels que les droits de l'Homme ou la protection de l'environnement. Tous s'unissent dans le même combat de la démocratisation de la communication et de l'information, condition de l'édification de sociétés démocratiques.

---

116. Extrait de la déclaration de la société civile au sommet de Genève, http://www.cptech.org/ip/wipo/genevadeclaration.html. Voir également Valérie Peugeot (coord.), *Pouvoir savoir : le développement face aux biens communs de l'information et à la propriété intellectuelle, op. cit.*

Dans cette mise en relation des mouvements, le rôle des outils de communication et d'information est primordial.

Au niveau international, de nouvelles formes de luttes sociales apparaissent, et les outils techniques n'y sont pas étrangers. Les groupes et les mouvements de lutte se constituent à partir de méthodes plus souples, plus ponctuelles et beaucoup moins centralisatrices. Ce n'est donc pas un hasard si les mouvements et les réseaux qui luttent contre la gestion néolibérale de la mondialisation utilisent toutes les ressources des réseaux numériques; contrairement aux associations ou aux syndicats nationaux, ils ne sauraient s'en passer, tant pour la diffusion de l'information que pour la mise en relation ou l'organisation des événements. Ainsi, les réseaux numériques fournissent une logistique indispensable à l'action militante transnationale.

Le net a une autre vertu appréciable pour les réseaux de militants: il permet la mobilisation d'autres mouvements à l'international, l'identification, l'échange et l'alliance. Grâce aux réseaux, les distances s'effacent, les différences s'estompent et des mouvements qui n'auraient pu se connaître auparavant s'associent. Ces réseaux numériques participent au rapprochement des cultures, des espaces géographiques, des langages qui font toute la diversité et la difficulté des mouvements militants alternatifs à l'international. On pourrait presque dire qu'ils sont une « formation » préalable à leur implication dans ces « internationales ».

Tous ces mouvements ont appris à s'appuyer sur les opinions publiques pour faire avancer leurs positions, et le net les y a grandement aidés. La communication y est libre, gratuite, rapide, efficace. Il n'est plus nécessaire pour eux de quémander la diffusion d'une information auprès d'un grand média pour s'assurer de toucher le plus grand nombre, au moindre coût et dans des délais souvent très courts.

Le fait de pouvoir défendre directement ses propres intérêts change la façon dont on se représente le monde et celle dont le monde vous perçoit. Sans intermédiaire, les mouvements sociaux, alternatifs ou militants sont mieux à même de se faire comprendre.

Face aux médias traditionnels (télévision, radio, presse), les ONG avaient la réputation de ne pas savoir communiquer. Dans la maîtrise de ce nouveau média, elles sont plus compétentes que les politiques ou que les médias traditionnels.

Par ailleurs, le souci permanent d'indépendance des mouvements militants par rapport au pouvoir et aux médias institués se trouve satisfait.

De plus, il y a parfois cumul dans la diffusion de l'information, les médias traditionnels étant sollicités et/ou les journalistes de ces médias venant puiser à la source. Ces mouvements sociaux multiplient ainsi les relais d'information et les supports de diffusion.

C'est pourquoi nous pensons qu'en propageant l'usage de ces outils de communication et d'information, les mouvements sociaux et leurs acteurs toujours plus nombreux vont permettre à moyen ou long terme des alliances, au niveau national comme international, tant pour coordonner les actions que pour comprendre une réalité sans cesse plus complexe et mouvante, voire pour permettre les mutations culturelles nécessaires et l'invention d'un nouveau mode de gouvernance mondiale. L'exemple du Sommet mondial sur la société de l'information est à ce propos riche d'enseignements.

Le Sommet mondial sur la société de l'information (SMSI)

L'importance des réseaux de la communication a été réellement perçue lors de leur implication dans le Sommet mondial sur la société de l'information, tant à leurs propres yeux qu'aux yeux du public, des gouvernements et des entreprises. Pour la première fois dans l'histoire de la gouvernance mondiale, un sommet mondial des Nations unies a ouvert son processus préparatoire à l'ensemble des acteurs du secteur privé comme à ceux de la société civile. Cette ouverture d'un système intergouvernemental à des acteurs non gouvernementaux doit être vue comme un premier pas dans la recherche d'une nouvelle gouvernance[117]. La motivation du secrétaire général des Nations unies, Kofi Annan, qui a pris cette courageuse décision, est peut-être à rechercher dans l'urgente nécessité de redonner à l'ONU une légitimité qui n'a jamais été aussi gravement menacée.

Une multitude d'initiatives se sont organisées en amont et pendant ce sommet sur la société de l'information. Sans transformer radicalement les rapports de pouvoirs, c'est une première expérience de gouvernance multipartenariale. Comme le souligne Valérie Peugeot : « En réalité, ce qui se joue là n'est ni plus ni moins que l'invention d'un autre mode démocratique pensé pour l'espace international et à l'heure de la société en réseaux[118]. »

Le sommet a joué un rôle contraignant et déterminant dans la formulation de propositions. Mais un de ses apports les plus intéressants concerne les processus et procédures mis en place par la « société civile » tant pour organiser son travail que pour résoudre les questions de légitimité et de représentativité dans la proposition et la prise de parole [119]. Cela constitue à nos yeux une réelle avancée d'ordre méthodologique et un véritable laboratoire de gouvernance mondiale.

117. Résolution 56/183 de l'Assemblée générale des Nations unies, www.itu.int/wsis/docs/background/resolutions/56_183_unga_2002.pdf.
118. Valérie Peugeot, « Petit instantané interrogatif à moins d'un an du sommet », contribution aux rencontres d'Autrans 2003, http://www.vecam.org/article.php3?id_article=166
119. Sur le processus du SMSI et le rôle de la société civile, on pourra se reporter à l'étude de Marc Raboy et Normand Landry, *La Communication au cœur de la gouvernance mondiale, enjeux et perspectives de la société civile au SMSI*, Département de communication, Université de Montréal, 2004, http://www.lrpc.umontreal.ca/smsirapport.pdf, complété par ses annexes, http://www.lrpc.umontreal.ca/smsiannexes.pdf, ainsi qu'à celle de Valérie Peugeot, *Relieurs*, disponible sur vecam.org/article.php3?id_article=364, 2004.

L'enjeu principal du Sommet mondial sur la société de l'information résidait moins dans le contenu que dans le processus. L'important ne se situait pas dans une déclaration des chefs d'État et de gouvernement ou dans de grandes volontés énoncées par un nouveau plan d'action[120]. L'essentiel se trouvait dans l'expérimentation de nouvelles formes de gouvernance mondiale.

L'organisation de la société civile : un défi relevé !

Comme nous l'avons vu, « la société civile est un assemblement varié de groupes, réseaux et mouvements, disposant d'une grande variété de points de vue et de positions sur presque tous les sujets inscrits à l'agenda du Sommet mondial sur la société de l'information (SMSI). Elle inclut, entre autres, les représentants d'ONG "professionnelles", de base, le mouvement syndical, les activistes des médias communautaires, les groupes d'intérêt des médias traditionnels, les parlementaires et les représentants des gouvernements locaux, la communauté scientifique et académique, les éducateurs, les libraires, les bénévoles, le mouvement des handicapés, les activistes de la jeunesse, les groupes des populations autochtones, les *think-tanks*, les institutions philanthropiques, le mouvement des femmes et les défenseurs des droits humains et des droits de la communication[121]. »

Dès lors, organiser cette multitude de réseaux et d'acteurs, de cultures totalement différentes et ne parlant pas la même langue, constituait un défi sur lequel la participation de ces mouvements au processus décisionnel onusien pouvait achopper.

---

120. Voir les résolutions adoptées dans le cadre du G8, Final Report of the Digital Opportunity Task Force, http://www.dotforce.org/reports/ et également les dispositions de la charte d'Okinawa :
www.dotforce.org/reports/it1.html

121. Une annexe très détaillée sur la notion d'ONG et de société civile est jointe au kit d'orientation pour le sommet élaboré par la CONGO, l'organe de liaison des ONG auprès des Nations unies,
http://www.ngocongo.org/files/smis_kit_d_orientation.pdf

Pourtant, ce sommet a permis trois avancées majeures dans la recherche d'une meilleure gouvernance mondiale : la « professionnalisation », la légitimation et l'institutionnalisation des acteurs de la société civile dans la prise de décision internationale.

Tout naturellement, un nouveau personnel politique a émergé de ces réseaux. On a ainsi vu apparaître une « avant-garde éclairée de ces mouvements » qui bénéficiait tant d'une légitimité militante que d'une légitimité technique. Impliquée, souvent de longue date, dans des mouvements, elle a bénéficié d'une sorte d'autovalidation de l'ensemble du groupe. D'autres compétences sont venues renforcer cette légitimité, telles que leurs qualités de rédaction, de communication ou d'expression en public, et leur connaissance des langues étrangères, ainsi que leur disponibilité à participer aux rencontres préparatoires au SMSI durant quatre années.

Ces « leaders » des mouvements militants ont mis en place des « organes » chargés d'aménager le travail de la société civile et d'assurer sa représentation. Pour simplifier, on peut isoler trois organes essentiels[122] :

– une assemblée plénière : c'est l'instance dirigeante et décisionnelle de la société civile ; elle est ouverte à tout participant, physiquement ou virtuellement, ses délibérations se déroulant principalement en ligne ;

– un groupe de coordination, appelé groupe « contenus et thèmes », responsable des propositions de fond issues de groupes thématiques (droits de l'homme, handicapés...) et de *caucus* représentants les différentes « familles » (syndicats, universitaires...) de la société civile ;

– un bureau de la société civile chargé des relations avec le bureau intergouvernemental pour toute question de procédure

122. L'ensemble des organes mis en place par la société civile est largement détaillé dans le kit d'orientation pour le Sommet mondial, élaboré par la CONGO, *op. cit.*

et de logistique. Ce bureau, composé de vingt et un représentants des groupes thématiques et *caucus*, agit sous contrôle de l'assemblée plénière.

Malgré sa grande diversité, la société civile a su s'adapter aux règles mises en place par les organisateurs du sommet, qui n'étaient pas toujours favorables à une étroite collaboration avec les acteurs de la société civile. En interne, la société civile a cherché à fonctionner de façon démocratique dans le cadre de structures représentatives, ce qui a développé une approche plus participative et facilité un débat plus large entre ses membres. Finalement, la société civile a démontré son expertise étendue et constructive sur les sujets discutés pendant le sommet, de même qu'une approche innovante dans la façon d'utiliser les outils numériques pour la négociation et la mise en réseau.

Cette organisation a représenté un énorme effort d'intelligence collective de la part des membres de la société civile, et a grandement participé à sa « légitimation » par les autres acteurs, gouvernements et secteur privé, impliqués dans ce sommet. Ces structures et règles de fonctionnement ont permis la production de nombreuses contributions et de propositions concrètes. La production et la diffusion de la déclaration « Définir des sociétés de l'information centrées sur les besoins des êtres humains[123] », lors du sommet de Genève, ont souligné la maturité politique des acteurs de la société civile et ont donné à cette dernière une réelle respectabilité au sein du sommet.

Le bureau de la société civile représente une avancée politique non négligeable. Pour la première fois dans l'histoire des Nations unies, des infrastructures sont créées pour associer la société civile, institutionnalisant du même coup sa participation au sommet et créant un précédent pour les prochaines rencontres à venir.

123. Déclaration de la société civile « Définir des sociétés de l'information centrées sur les besoins des êtres humains »,
http://www.worldsummit2003.de/download_en/WSIS-CS-Dec-121103-fr.pdf

A priori, le but avoué ou non de cette « société civile » était de faire valoir des intérêts considérés comme insuffisamment pris en compte, mais également de se concevoir comme capable d'agir, par la mobilisation, sur la négociation politique.

La volonté de ces acteurs était de transformer le système et ses institutions de façon à changer les processus politiques et les décisions prises. Pour ce faire, leur première démarche a été de s'institutionnaliser et de s'intégrer aux processus existants. L'avenir nous dira si une inventivité politique émane de ces choix stratégiques. Dans l'immédiat, on pourra utilement se reporter aux analyses approfondies réalisées à la suite de ce sommet sur cette participation de la société civile aux négociations gouvernementales[124].

Quant au contenu propositionnel, les acteurs de la société civile se sont d'emblée positionnés sur la dimension humaine des nouvelles sociétés numériques, prenant ainsi le contre-pied de nombreux gouvernements et de l'Union internationale des télécommunications (UIT) qui, à l'amorce des travaux préparatoires du sommet en 2002, se sont concentrés presque exclusivement sur les infrastructures de communication et l'Internet.

Dans la déclaration finale de la société civile au Sommet mondial sur la société de l'information[125], cette différence de point de vue apparaît très nettement. Il s'agit en effet de donner la priorité à la dimension culturelle et sociétale de ces sociétés de la connaissance en émergence. Et non de considérer exclusivement les aspects économiques et technologiques de la mutation en cours. Les acteurs de la société civile entendent mettre les droits humains et le développement au cœur des enjeux débattus au SMSI.

---

124. Voir notamment Marc Raboy et Normand Landry, *op. cit.*; Valérie Peugeot, *Relieurs*, *op. cit.*
L'évaluation de l'évolution des relations entre ONG et Nations unies a été faite dans un papier de Tony Hill, "Three Generations of UN-Civil Society Relations: A Quick Sketch", UN-NGLS, mars 2004, inséré dans le Kit d'orientation de la CONGO, *op. cit.*
125. http://smsi.francophonie.org/aff_srub.php3?id_rubrique=6

« L'être humain est au cœur de notre vision des sociétés de l'information et de la communication. On doit promouvoir, respecter, protéger et affirmer la dignité et les droits de tous les peuples et de chaque personne. Nous devons donc en priorité nous attacher à combler le fossé injustifiable que l'on peut observer entre les différents niveaux de développement et entre l'opulence et l'extrême pauvreté.

Nous sommes résolus à édifier des sociétés de l'information et de la communication qui soient centrées sur la personne, inclusives et équitables ; des sociétés dans lesquelles chacun ait la possibilité de créer, d'obtenir, d'utiliser, de partager et de diffuser, librement, l'information et le savoir, pour donner aux individus, aux communautés et aux peuples des moyens suffisants d'améliorer leur qualité de vie et de réaliser l'intégrité de leur potentiel ; des sociétés fondées sur le principe d'une justice sociale, politique et économique et sur la pleine participation et l'autonomisation des peuples, et qui relèvent ainsi véritablement les principaux défis auxquels le monde fait aujourd'hui face en matière de développement ; des sociétés qui visent à parvenir au développement durable, à la démocratie et à l'égalité entre les hommes et les femmes pour instaurer un monde plus pacifique, plus juste et plus égalitaire et, partant, un monde durable, conformément aux principes consacrés dans la Charte des Nations unies et dans la Déclaration universelle des droits de l'homme.

Nous aspirons à édifier des sociétés de l'information et de la communication dans lesquelles le développement soit défini en fonction des droits de l'homme fondamentaux et qui visent à assurer une distribution plus équitable des ressources, afin d'éliminer ainsi la pauvreté, en faisant en sorte que les ressources ne soient pas exploitées et que l'environnement soit écologiquement durable[126]. »

---

126. « Définir des sociétés de l'information centrées sur les besoins des êtres humains » sur :
http://www.worldsummit2003.de/download_en/WSIS-CS-Dec-121103-fr.pdf

Les acteurs sociaux ont ainsi été capables de dépasser les débats, les contestations et critiques sur les politiques gouvernementales ou sur les dérives de la mondialisation, pour formuler des propositions concrètes et opérationnelles. Ce cadre contraignant de la négociation intergouvernementale semble avoir été propice, bien que toujours insuffisant, à la rigueur propositionnelle. Un bilan très complet des thèmes, débats et propositions a été réalisé par la société civile elle-même, le sommet à peine achevé[127].

En conclusion, nous pouvons dire que ce SMSI est le premier sommet onusien à consacrer la société civile « comme un acteur à part entière » et, au regard de son organisation et de sa production, qu'il incarne une tendance lourde dans la gouvernance internationale. Les rapports de force et de pouvoir changent et la société civile semble appelée à jouer un rôle grandissant dans la définition d'un nouvel espace public supranational. Mais ce rôle reste à consolider. C'est ce que laisse entendre les suites de ce sommet et les tendances émergentes.

Six mois après la clôture du sommet, la place et le rôle de la société civile étaient loin d'être fermement assurés tant dans le suivi et la mise en œuvre des conclusions du sommet qu'au sein du Forum sur la gouvernance de l'Internet.

La mise en œuvre des résolutions du sommet de Tunis a été confiée à l'UIT (Union internationale des Télécommunications), et tout particulièrement à son Conseil économique et social via sa Commission pour la science et la technologie pour le développement. La reconnaissance de l'implication de la société civile nécessitait une réforme de cette commission ; en février 2006, les premières consultations soulignaient de nettes

127. Déclaration de la société civile, « Bien plus aurait pu être réalisé », 18 décembre 2005, http://www.worldsummit2003.de/download_en/WSIS-CS-summit-statement-rev1-23-12-2005-fr.pdf
ainsi que http://www.csbureau.org/csdeclaration.htm
voir également *WSIS papers newsletter*, décembre 2005, n° 13, http://wsispapers.choike.org/

réticences gouvernementales quant à l'implication de la société civile [128] et, en juillet 2006, le rôle même d'observateur pour les membres de la société civile était toujours en débat et fermement remis en cause par certains gouvernements.

Quant à la mise en place du Forum sur la gouvernance de l'Internet, le secrétaire général des Nations unies a souhaité s'entourer d'un groupe d'experts de quarante-cinq membres. Mais là encore, seuls sept membres de la société civile ont été désignés. Les gouvernements disposent de dix-neuf sièges, le secteur privé de dix et les représentants de l'Icann, organisme parapublic fortement lié aux intérêts américains, de neuf sièges. La rencontre inaugurale de ce Forum en octobre 2006 devrait confirmer la prédominance des intérêts gouvernementaux et du marché dans le débat [129].

Seule l'Alliance globale pour les technologies de l'information et de la communication et le développement, nouvelle structure lancée en juin 2006 par les Nations unies, semble dès sa constitution vouloir conserver l'approche multipartenariale du SMSI. Dans la composition de ses divers organes, la société civile y est représentée de manière équilibrée [130].

Mais indépendamment de cette évolution, nous approuvons Pietro Sicuro, directeur de l'INTIF, lorsqu'il considère que « le Sommet mondial sur la société de l'information a été une consécration de cette démarche pluri-acteurs ; concernant le sommet, ce qui est le plus important, c'est la mobilisation citoyenne qui a eu lieu autour des enjeux de ces technologies. La rupture fondamentale est bien dans cette démarche citoyenne, sociale et culturelle au cœur de la négociation intergouvernementale [131]. »

---

128. Informations sur cette réunion :
http://www.itu.int/reform/Council-Res-1244/index.html ;
http://www.itu.int/reform

129. www.intgovforum.org ; www.igfgreece2006.gr et
http://www.intgovforum.org

130. http://www.un-gaid.org

131. Pour Pietro Sicuro, la rupture fondamentale tient dans la démarche citoyenne, sociale et culturelle qui s'est introduite dans la négociation

Et tout comme lui, nous sommes convaincus qu'un retour en arrière sera difficile. « Bien sûr, les gouvernements ne sont pas prêts à abandonner leur pouvoir. De nombreux débats s'annoncent autour des notions de légitimité, de représentativité, de délégation. Mais le fait de poursuivre la discussion et les négociations dans cette dimension tripartite fera qu'il y aura des changements qui se mettront en place progressivement. »

Ainsi, entre le supranational, le national et le local vont émerger de nouveaux territoires, régulateurs et détenteurs du pouvoir. Aujourd'hui, il nous faut composer avec les anciennes et les nouvelles institutions qui chacune se battent pour garder ou conquérir le pouvoir. Nous connaissons une interdépendance des niveaux de décision et une multiplication d'institutions. Et si aucune décision n'est possible, alors la situation débouchera sur une crise de la démocratie.

C'est pourquoi il est plus que nécessaire de travailler à la conception d'une nouvelle philosophie politique à même de réguler nos sociétés en réseaux, et de définir les valeurs devant gouverner les relations entre les hommes.

---

intergouvernementale. Il estime dans son interview (21 décembre 2005, www.eclm.fr) que le véritable changement viendra de la redistribution des pouvoirs. Pietro Sicuro est directeur de l'Institut francophone des technologies de l'information et de la formation (INTIF) depuis 1998. Il s'intéresse particulièrement aux problématiques de la diversité culturelle et linguistique dans l'univers numérique. Il fut conseiller pour les industries culturelles et la communication du Premier ministre du Québec, et Sous-ministre adjoint responsable des enjeux internationaux de la société de l'information au ministère de la Culture et des Communications du Québec.

Conclusion

L'avenir s'annonce d'une rapidité accrue, plus bouleversant, plus angoissant encore avec la manipulation du vivant, les crises financières larvées, les guerres de civilisation, les catastrophes écologiques. Autant de manifestations de la révolution de l'information.

Nous sommes aujourd'hui face à des blocages culturels qui ne permettent pas les décisions politiques indispensables. Les visions à court terme l'emportent sur le long terme. Il s'agit d'accompagner une mutation de société et non de remporter les prochaines élections : les deux ne semblent pas conciliables car les choix politiques à faire immédiatement ne sont pas « socialement acceptables » ; le défi ne peut donc être relevé que par d'autres forces émergentes que les pouvoirs en place, naturellement conservateurs.

Mais comme nous avons tenté de le démontrer, nous sommes face à divers niveaux de décision, ou de non décision : local, national ou planétaire. Et la difficulté essentielle réside dans les désaccords entre ces différents niveaux. La technologie et les marchés économiques poussent vers une logique de régulation planétaire qui n'existe pas. Et les États n'ont pas les capacités politiques pour élaborer, à leur niveau, les régulations qui sont nécessaires au niveau supranational.

Dans ce contexte, toutes les forces œuvrant au développement humain doivent se prendre en charge pour, d'urgence, s'approprier ces technologies et agir, de leur côté, avec et sur les réseaux numériques. Seule l'expérience personnelle et collective permettra de percevoir l'ampleur des bouleversements qui nous attendent. Complétant la pratique personnelle de ces réseaux, les colloques, les livres, les informations, les mobilisations militantes, les chartes, les textes de propositions alternatives aideront à comprendre ce qui est en train de se passer. Il convient de tout mettre en œuvre pour que le plus grand nombre puisse acquérir une culture de ce nouveau monde de l'immatériel. C'est l'unique voie pour définir les valeurs de nos sociétés numériques.

Nous sommes aujourd'hui confrontés à des valeurs politiques et économiques fondées sur la domination, la croissance et la compétition. Compétition et concurrence ne sont plus suffisantes dans la société de l'immatériel. De nouvelles cultures et formes de socialités vont émerger et développer d'autres valeurs de complémentarité, de solidarité, d'ouverture, d'acceptation de perte du pouvoir pyramidal pour retrouver un pouvoir dans les réseaux, un pouvoir partagé.

Cette émergence d'une nouvelle culture doit être accompagnée par un retour du politique, au sens de projet ou de vision du monde. S'il est urgent de trouver les modalités d'un pouvoir de régulation au niveau mondial, il est nécessaire de définir conjointement la philosophie politique qui va être le support de cette régulation mondiale ; c'est le projet politique le plus exaltant et le plus immédiat : la définition d'une philosophie politique pour nos sociétés en réseaux. Nous devons inventer et mettre en place des règles, des procédures et des institutions pour rendre effective la régulation de ces sociétés. Les philosophes ont produit à travers les siècles les systèmes de référence qui ont orienté le gouvernement des hommes. Et aujourd'hui, nous avons un profond décalage entre la puissance motrice des mécanismes économico-technologiques et la faiblesse des capacités imaginatives de nos sociétés à produire le système de représentation du monde qui va permettre d'aller au-delà du nôtre[1].

Certes, une alternative se construit. Comme nous l'avons vu, elle est portée par les mouvements de base, le mouvement altermondialiste, des réseaux de mouvements qui se renforcent tous les jours dans leur lutte. Ces réseaux agissent sur la vision que les hommes ont du monde, sur leurs mentalités et leurs valeurs.

C'est pourquoi, et c'est toute l'histoire du réseau VECAM, il est primordial que le plus grand nombre d'hommes et de femmes acquièrent une maîtrise de ces réseaux numériques, pour ainsi agir sur la construction d'un monde tel qu'ils le veulent, pour privilégier certaines valeurs bénéfiques au bien commun et non aux privilèges de quelques-uns, et ainsi, ensemble, définir une nouvelle culture, une nouvelle civilisation de l'ère numérique.

Déjà aujourd'hui, notre regard sur le monde évolue. Une rupture profonde avec les idées de la Réforme et celles des Lumières s'annonce, portée par l'écologie politique.

Il y a dix ans, VECAM soulignait les craintes et les espoirs que pouvaient susciter les technologies numériques. Aujourd'hui, il s'agit de travailler sur la compréhension de ce qui se joue et de poser la question de la représentation du monde. Ceci nous renvoie à l'écologie. C'est-à-dire à la réintroduction de l'homme dans le système de la nature. L'écologie politique peut

1. C'est la thèse que développe Alain d'Iribarne dans son interview (22 décembre 2005, www.eclm.fr). Pour lui, le social se saisit autant de la technologie que la technologie se saisit du social. Il présente la mise en place de l'organisation de la société civile, face à la société des États et à la domination des institutions sclérosées. Dès lors, il est nécessaire de créer un niveau de régulation mondiale et de définir la philosophie politique qui va en être le support. Il pose la difficile question : « Quelle est la philosophie politique du gouvernement de la planète monde ? ». Alain d'Iribarne est docteur en Sciences économiques et directeur de recherche de classe exceptionnelle au CNRS. Il a dirigé le Laboratoire d'économie et de sociologie du travail (LEST) et consacré ses recherches sur la gestion des activités scientifiques ainsi que sur les usages d'Internet par les ménages, les P.M.E et les grands groupes. Alain d'Iribarne est aujourd'hui Administrateur de la Fondation de la Maison des Sciences de l'Homme à Paris.

être considérée comme une rupture avec la représentation scientifique du monde de l'époque des Lumières où l'homme était extérieur à la nature. Or c'est cette rupture initiale qui a permis à l'homme d'être un savant. L'écologie, quant à elle, conduit à dire qu'il y a dans cette posture une faute fondamentale car « l'homme n'est pas extérieur à la nature ». Au contraire, l'homme est dans la nature. Et si l'imprimerie a permis de diffuser les idées des Lumières, peut-être les réseaux numériques permettent-ils de véhiculer des idées nouvelles et d'ouvrir le débat à de nouveaux acteurs qui en étaient exclus. Après avoir été un savant, l'homme va peut-être se faire sage.

Annexes

Annexe 1
Appel fondateur de l'association VECAM
Chances et risques pour la citoyenneté et le lien social

Alors que les nouvelles techniques du multimédia et des autoroutes de l'information offrent de formidables moyens d'échange de toute nature à toutes les échelles – du local au planétaire – et dans toutes les cultures, les citoyens risquent d'être considérés avant tout comme des consommateurs. L'enjeu est de taille : soit les citoyens seront perçus comme des utilisateurs sujets et ils participeront pleinement aux connaissances et aux savoirs avec « évaluation-réflexion » et interactivité humaine ; soit ils seront inondés par les propositions d'objets et de services dont l'interactivité serait limitée à la relation Homme-système. Ils n'auraient plus qu'à zapper sur l'éventail de données innombrables provenant de quelques producteurs.

Il existe pourtant, depuis quelques années, des initiatives porteuses d'un usage social et culturel de ces nouvelles technologies : les coordinations de scientifiques et de citoyens à la base *d'Internet*, le réseau international laborieusement tissé par l'Association for Progressive Communication (APC), les réseaux associés DPH (Dialogue pour le progrès de l'homme), les activités de groupes humains et d'ONG actifs dans la télévision associative et proches des organisations populaires, les projets de « villes numérisées » en Europe pour une appropriation socioculturelles des technologies multimédias, les campagnes pour une télévision non violente notamment en direction des enfants, les expériences d'utilisation d'outils télématiques et multimédias pour la coordination des initiatives de citoyenneté active... toutes initiatives avancées dans telle ou telle région du monde, voire au niveau international.

Mais, force est de constater que ces expériences sont marginalisées par le poids des acteurs économiques et politiques impliqués dans les enjeux de la compétition mondiale sur les marchés les plus solvables. Les grandes firmes productrices de réseaux de télécommunication, de système de traitement et de communication, de terminaux (téléphoniques, télévisuels, informatiques...) ou de programmes (ludiques, culturels, informationnels...) sont aujourd'hui engagées dans une compétition gigantesque pour leurs positionnements stratégiques sur des marchés qu'elles prévoient en croissance explosive.

Elles se tournent vers les États pour exiger à la fois la libéralisation et la dérégulation seules capables, à leurs yeux, de garantir la mondialisation des marchés, condition de rentabilisation de leurs investissements. C'est l'objet de la réunion ministérielle du G7 qui se tiendra à Bruxelles les 25 et 26 février 1995.

Le vice-président américain Albert Gore, père du programme « the National Information Infrastructure » a déclaré : « Il revient à la libre entreprise d'assurer le développement de ce secteur essentiel pour l'avenir. » On ne peut être plus clair quant à une lecture exclusivement économiste des enjeux de cette révolution. Mais puisque celle-ci est « appelée à modifier notre manière de vivre et de travailler ensemble » et que « les pays qui ne s'engageraient qu'à demi [dans cette voie] pourraient en moins de dix ans se voir confrontés à un déclin désastreux [...] et à une forte réduction d'emploi », qu'en est-il de cet autre versant, plus fondamental encore de la mutation en cours : celui même du lien social et de la citoyenneté ?

De nombreuses questions se posent – et nous vous en soumettons quelques-unes ci-après – que le grand jeu stratégique des firmes et des États, tout entier dominé par les contraintes de la compétitivité, refoule ou ignore.

Dès lors et avant qu'il ne soit trop tard, comment mobiliser les énergies pour en minimiser les risques et en valoriser les chances ? La révolution informationnelle est une chose trop grave pour en laisser pratiquement la mise en œuvre aux seuls soins des « industriels » – du contenant ou du contenu – et du marché.

C'est pourquoi nous souhaitons contribuer à la prise de parole au niveau international des acteurs engagés dans des initiatives porteuses d'une demande sociale et, de ce fait, potentiellement d'une maîtrise sociale des usages de ces technologies au service du lien social et de la citoyenneté.

Une telle maîtrise peut être recherchée par deux voies complémentaires :

– expérimenter et promouvoir de nouveaux modes d'utilisation et de régulation de ces outils dans le souci de faire du citoyen un acteur ;

– contribuer à l'émergence de mouvements et de forces capables d'infléchir dans ce sens les politiques publiques et les éventuels effets pervers du seul jeu des marchés.

Nous sommes persuadés de l'urgence d'une meilleure mise en synergie de tous. Voici quelques questions, répondez-nous !

Vers un monde partagé ?

– Que deviendront les pays ou les groupes sociaux qui ne s'intégreraient pas à temps dans ce nouveau « marché » ? Il s'agit de la grande majorité de la population mondiale.

– Quels seront les effets de la réduction des coûts d'information sur les relations entre le Nord et le Sud, entre l'Est et l'Ouest dans les domaines de la recherche et du dialogue interculturel ?

– Qu'en est-il des effets prévisibles sur l'utilisation du temps, sur l'organisation, la nature et le volume de travail offerts respectivement par l'économie marchande et par le monde non marchand ?

Concentration ou diversités ?

– Comment réduire les risques de domination par les grands industriels des contenus (audiovisuels, informatifs et informatiques) aux seules fins de rentabilité ou d'efficience sur les comportements ?

– Qu'en est-il au contraire des chances offertes par la multiplication infiniment diversifiée des messages, des dialogues, des échanges, ouverte sur la reconstruction de citoyennetés ?

Quels rapports de puissance ?

– Quels seront les poids respectifs des firmes productrices, des puissances publiques, des usagers et du monde associatif dans les forces qui animent la révolution en cours ? Quels soutiens ou quelles pressions mettre en œuvre et avec qui, pour rééquilibrer ce jeu de forces ?

– Comment privilégier les formidables potentialités qui vont être ouvertes en termes d'échange et de partage de savoirs, de création et de dialogues interculturels ?

Quelles exigences d'équité et de service public ?

– Comment satisfaire les exigences de service public qui devraient théoriquement pouvoir être mieux respectées, notamment dans les domaines de l'éducation et de la santé ?

– Qu'en est-il de l'égalité dans les conditions d'accès, dans la liberté de communiquer, dans les possibilités d'interactivité comprises comme réseau d'échanges ?

– Quelles seront les garanties de respect des libertés, des autonomies et des exigences de la vie privée des personnes et des groupes ?

Quelle déontologie ?

– Qu'en est-il en particulier du pouvoir des responsabilités humaines et sociales de ceux qui sont à la source de la diffusion ou de la création de contenus et des produits ?

Annexe 2
Déclaration fondatrice de VECAM
Multimédia : les voies d'une maîtrise sociale
février 1995

Les projets d'autoroutes de l'information et les perspectives qu'ils ouvrent au développement de la communication multimédia confirment l'avènement d'une nouvelle ère que certains nomment « société de l'information ».

La course de vitesse entre les pays les plus riches du monde a amené leurs gouvernements à tenir, dans le cadre du G7, les 25 et 26 février 1995 à Bruxelles, une réunion ministérielle. Les aspects techniques, économiques et financiers polariseront l'essentiel des discussions. Or les conséquences sociales, positives ou négatives, de ces évolutions sont bien plus considérables. Il existe, de par le monde, de multiples initiatives visant à mettre ces technologies au service des hommes, des exclus et de la citoyenneté ; leurs responsables sont particulièrement attentifs aux chances et aux risques ouverts par les nouvelles technologies de l'information. Ils veulent peser sur les conditions de leur mise en œuvre et de leur usage. C'est pourquoi la Fondation pour le progrès de l'Homme (FPH) et la lettre *Transversales Sciences & Culture* qui se battent pour que les avancées scientifiques et techniques soient mises au service du développement social et culturel, ont lancé un appel sur ces thèmes.

La déclaration fondatrice de VECAM se compose d'un texte introductif, **synthèse des contributions reçues d'associations et de personnalités du monde entier**, impliquées, à des titres divers dans les enjeux citoyens et sociaux de ces nouvelles technologies. Ce texte est complété par une déclaration proprement dite dont les signataires veulent, à l'occasion de la réunion du G7, manifester leurs préoccupations et souligner, tant à l'égard des gouvernements que de l'opinion, l'importance de ces enjeux et les principes qui devraient en orienter la maîtrise.

Chances et risques pour la citoyenneté et le lien social

La citoyenneté et la démocratie sont indissociablement liées à la nature et à l'évolution des systèmes de communication. Or personne n'est en mesure de prévoir de façon précise les effets économiques, sociaux ou culturels du développement des nouvelles technologies de la communication. Le principe élémentaire de responsabilité à l'égard du futur implique alors de privilégier, dans les processus de décision, la prise en considération des risques.

Les risques

Les effets d'une approche exclusivement marchande

L'observation du passé récent et des tendances actuelles révèle les risques d'une conception exclusivement marchande de l'information. La logique dominante actuelle est celle de l'offre d'équipements et de services plus que celle de la satisfaction des besoins. Ces derniers seront, pour une large part, ceux qu'aura révélés un marché dont les offreurs se font fort de valoriser les segments les plus solvables.

Nous n'acceptons pas de voir une part non négligeable des capacités de financement des économies les plus riches du monde consacrée à la réalisation de systèmes de communication pour répondre à des besoins dont l'urgence, voire l'existence, reste souvent à démontrer. Dans le même temps, les besoins vitaux d'accès à des réseaux d'eau pour l'agriculture et l'alimentation ne sont que partiellement financés.

La marginalisation des diversités

La mondialisation de l'économie et le poids dominant de certains marchés génèrent une concentration croissante de l'offre, difficilement compatible avec les exigences de diversité particulièrement impératives dans ce domaine. La transformation d'attentes plus ou moins implicites en véritable demande sociale risque de se concentrer sur les groupes sociaux les plus favorisés ou/et sur les domaines les plus futiles (jeux), voire les plus pervers (violence).

L'aggravation des inégalités

La bipolarisation croissante du monde, entre riches et pauvres, « inclus » et « exclus », risque d'en être accélérée, en raison des inégalités, non seulement d'accessibilité physique aux nouveaux réseaux, mais aussi de capacités individuelles et sociales, de maîtrise et de solvabilité de leur usage. L'élargissement de ce fossé porte en germe ruptures, refuges identitaires et irrépressibles violences.

La ségrégation et la déconnexion sociales

En généralisant la disparition des distances physiques, les nouvelles technologies de communication ouvrent de nouveaux champs à la structuration des liens sociaux ainsi libérés des contraintes de proximité. L'émergence de strates et réseaux spécialisés, ouverts aux dimensions du monde mais fermés sur leurs seuls intérêts communs, risque alors d'accroître la tendance à la ségrégation sociale et culturelle.

En généralisant à l'ensemble des médias la disparition des délais de communication, les réseaux d'information risquent de donner le primat à l'immédiateté et de susciter des comportements déconnectés des réalités les plus proches (la déconnexion de la « bulle financière » à l'égard de l'économie « réelle » en est une illustration particulièrement significative). Or la stabilité du lien social implique la durée et l'insertion concrète dans des relations de proximité à une même réalité physique et sociale.

Les chances

Mais les nouvelles technologies de l'information offrent également des chances considérables pour le renforcement du lien social et de la citoyenneté. Le multimédia, dans notre vie privée, professionnelle ou publique, peut offrir des sources inépuisables d'enrichissement individuel et collectif.

Une approche sociale

Les nouvelles technologies de communication ouvrent des possibilités insoupçonnées à l'invention de leurs usages non plus seulement par les logiques du marketing de l'offre mais par l'investissement de leurs utilisateurs dans des voies créatrices de liens sociaux transformés. Ces possibilités ne peuvent être valorisées que dans une approche intégrant le social et le culturel dès la conception des nouveaux systèmes.

Des forces vives prêtes à s'investir

Les pratiques de communication à la base utilisant les médias existants (radio, TV, vidéo...) se sont multipliées dans le monde. Les organisations non gouvernementales utilisent de plus en plus le courrier électronique pour tisser leur réseau d'échanges.

Cela témoigne d'une volonté de mettre le progrès au service d'autres valeurs que celles du seul monde marchand. Ces pratiques devraient trouver dans ces technologies de nouvelles opportunités de développement.

Échanges et partage

Comme l'illustre le développement de l'Internet, les nouvelles technologies favorisent l'échange et le partage d'informations, d'idées et de pratiques dans une dimension « horizontale » et plus seulement dans le sens « vertical » de quelques informateurs vers une masse à informer. Ces possibilités devraient notamment être valorisées pour une meilleure connexion mutuelle de la recherche scientifique entre Nord et Sud.

Les services d'intérêt public

Les relations entre administrations, services publics (santé, éducation, formation première et continue) et usagers devront pouvoir trouver dans ces technologies les voies d'une efficacité et d'une diffusion largement accrues.

Au service de la démocratie

Enfin, l'émergence de réseaux locaux devrait permettre la réorientation de l'usage de ces technologies sur des enjeux citoyens et contribuer à réduire la ségrégation urbaine et culturelle.

La démocratie et la vie politique elle-même pourraient y trouver les voies d'un renouveau.

Annexe 3
Manifeste de VECAM

L'avènement des nouvelles technologies de la communication nécessite un accompagnement démocratique fondé sur la mise en lumière et la discussion des différents enjeux et des besoins réels, sans lequel la logique marchande décidera seule de leurs usages et de leur destination.

Réunis à l'initiative de la Fondation pour le progrès de l'Homme et de *Transversales Sciences & Culture*, les signataires :

1) attirent solennellement l'attention des États membres du G7 et de l'opinion publique sur la gravité des enjeux dans lesquels les États – et au premier chef les plus riches d'entre eux –, mais aussi les grandes entreprises de ces secteurs se trouvent impliqués, partageant ainsi la responsabilité des effets pervers comme des ouvertures bénéfiques qu'auront permis leurs décisions... ou leur absence de décision. Les choix qui seront faits pèseront longtemps sur l'évolution de nos sociétés.

2) s'engagent à promouvoir et à défendre les orientations suivantes :

– la hiérarchisation des besoins : il convient d'assurer la priorité aux besoins de développement humain clairement identifiés préalablement à la satisfaction d'éventuelles attentes non identifiées.

– la transparence : l'ampleur des enjeux et la diversité des points de vue, tant des experts que des organisations et institutions, sur leur nature et leur acuité, exigent l'évaluation des impacts et la publicité des débats et des controverses devant l'opinion pour que celle-ci puisse, par les voies citoyennes ou associatives, peser sur les décisions.

– la progressivité et la prudence : toutes mesures doivent être prises pour minimiser les risques associés à un développement explosif du seul aspect marchand et à des choix techniques qui seraient ordonnés à ce seul aspect. Déréglementation et dérégulation ne doivent pas se faire à marche forcée et l'échéance de 1998 arrêtée par l'Union européenne doit être maintenue. L'approche pragmatique de croissance progressive des réseaux sera préférée à une approche centralisée, lourde de risques technocratiques. Il s'agit de privilégier l'expérimentation, non seulement sur les secteurs susceptibles de générer des marchés solvables, mais surtout sur des réseaux à vocation de services publics (éducation, santé, etc.) et sur des réseaux locaux de communication sociale et de citoyenneté.

– la diversité et l'ouverture : tout doit être fait pour minimiser les risques de concentration de l'offre d'informations entre les mains de quelques organisations qui détiendraient, de ce fait, un pouvoir exorbitant. Il convient d'être particulièrement attentif au niveau des barrières d'entrée dans les futurs systèmes de communication ; cette attention devra porter non seulement sur les coûts mais aussi et surtout sur les structures de production et de diffusion des contenus multimédias.

– l'universalité d'accès : de même que pour les réseaux d'infrastructure routière ou les voies maritimes, tout le monde doit pouvoir accéder, au fur et à mesure de leur réalisation, aux nouvelles infrastructures d'information et y exercer ses droits à communiquer, ce qui peut impliquer pour l'usager un minimum de formation nécessaire à l'emploi de ces systèmes.

– le respect des vies privées : l'informatisation de l'ensemble des messages et des coordonnées de leurs émetteurs comme de leurs récepteurs fait peser des risques considérables qu'il importe de neutraliser par des dispositifs techniques et législatifs appropriés. De même, il convient de veiller au respect des droits des créateurs et des auteurs.

3) demandent, avec force, aux États, que soient dégagés, par les voies appropriées, nationales et internationales, les moyens financiers permettant de soutenir l'émergence d'usages sociaux et citoyens des nouvelles technologies.

4) s'engagent enfin :

– à faciliter et à soutenir, aux niveaux national et international, l'émergence et le renforcement d'une parole et d'une expérimentation collective à même de peser sur la réduction des risques et la valorisation des chances associées aux nouvelles technologies de l'information.

– à recueillir et à échanger toutes pratiques dont ils auraient connaissance concernant la valorisation sociale et citoyenne de ces nouvelles technologies ou les effets pervers de la marchandisation des contenus.

– à contribuer, à cet effet, à l'organisation de rencontres internationales appropriées pour une meilleure maîtrise sociale des nouvelles technologies.

Les signataires

Alain Ambrosi, Videazimut, Montréal, Québec, Canada – Alain d'Iribarne, CNRS-LEST, Aix-en-Provence, France – Rajive Jain, CENDIT, New Delhi, Inde – Lavinia Mohr, Videazimut, Sao Paolo, Brésil – Amalia Souza, APC, Rio de Janeiro, Brésil – Joachim Tankoano, ESI, Ouagadougou, Burkina Faso.

Pour *Transversales Sciences & Culture* : Véronique Kleck, Jacques Robin, Patrick Viveret.

Pour la Fondation pour le progrès de l'Homme : Pierre Calame, Alain His, Gustavo Marin, Jacques Poulet-Mathis.

Adhéreront à cette déclaration les membres fondateurs de VECAM et adhérents de l'association tels : Joël de Rosnay, Philippe Quéau, Paul Virilio, Pierre Levy, Franck Sérusclat, Jean Michel Billaut, Yves Lasfargues, Riccardo Petrella, Edgard Pisani, Philippe Reynaud, Philippe Monnin, Joël Dragutin, Gérard de Giovanni, Stéphane Martayan, Guy Hascoet, Éric Favey, Yves Cochet, Florence Durand-Tornare, Thierry Taboy, Marie Gevers d'Udekem, Jean-Pierre Boyer, Valérie Peugeot...

Bibliographie et sources

(Tous les liens cités en référence étaient actifs au 1er septembre 2006.)

A

Philippe Aigrain, *Cause commune : l'information entre bien commun et propriété*, Paris, Fayard, 2005.

Patrick Altman, « Et si l'auteur fixait le prix, vers un nouveau modèle économique pour l'édition électronique », *Transfert*, mai 2002, http://mapage.noos.fr/paltman/transfert%20%20tibune%20libre%202.jpg

Alain Ambrosi, « Difficile émergence des réseaux de communication démocratique dans l'espace politique global », *in* Serge Proulx et André Vitalis (dir.), *Vers une citoyenneté simulée. Médias, réseaux et communication*, Éditions Apogée, coll. « Médias et nouvelles technologies », 1999.

Nicolas Aquila, « Pourrons-nous toucher l'Internet de demain ? », *Info du Net*, 29 novembre 2005, http://www.infos-du-net.com/actualite/5856-Internet-toucher.html

Patrick Artus, Gilbert Cette, *Productivité et croissance*, rapport du conseil d'analyse économique, Paris, La Documentation française, 2004, http://www.cae.gouv.fr/rapports/048.htm

Henri Atlan, *L'Utérus artificiel*, Paris, Le Seuil, 2005.

B

Laurence Baranski, « L'organisation apprenante reste à inventer », *Les Di@logues Stratégiques®*, n° 57, juin 2005, http://carpediemcom.free.fr//baranski.htm

Laurence Baranski, Jacques Robin, *L'Urgence de la métamorphose*, Paris, Éditions Des idées et des hommes, 2007 (à paraître).

Frédéric Barbier, Catherine Bertho Lavenir, *Histoire des médias, de Diderot à Internet*, Paris, Armand Colin, 1996, http://www.enssib.fr/bbf/fiches_lecture/b971barbier.html

B. Van Bastelaer, L. Henin, M. Lobet, C. Lobet-Maris, *Villes virtuelles. Entre communauté et cité. Analyse de cas*, Paris, L'Harmattan, 2000.

BATIK, lettre d'information publiée par l'Observatoire sur les systèmes d'information, les réseaux et les inforoutes au Sénégal (OSIRIS), http://www.osiris.sn/rubrique2.html

Dorothée Benoît Browaeys, « Nanotechnologies et mégadéfis », *Alternatives Économiques*, n° 237, juin 2005, http://www.alternatives-economiques.fr/site/237_005_nanotechnologies.html

Isabelle Bensidoun, « L'imbroglio des inégalités », dans *L'Économie mondiale 2005*, Paris, La Découverte, coll. « Repères », 2005.

Bibliothèque de l'UQAM, ressources par disciplines, rubrique « histoire générale de la communication, histoire des médias, histoire de l'Internet », http://www.bibliotheques.uqam.ca/recherche/Thematiques/communications/ histoire.html

Bibliographie sur le Progrès, la Science et la Technique, http://www.decroissance.info/Bibliographie-sur-la-societe.

Bibliographie sélective sur la Société de l'information, Centre international francophone de documentation et d'information de l'Agence intergouvernementale de la Francophonie, 2003, http://cifdi.francophonie.org/

« La biologie de synthèse », *Transversales Sciences & culture*, décembre 2004, http://grit-transversales.org/newsletter-transversales/transversales-7-dec2004.htm

BIP 40, Le baromètre sur les inégalités et la pauvreté, http://www.bip40.org/fr/article.php3?id_article=9

Michel Briand, « Expression citoyenne », dans *Enjeux de mots, regards multiculturels sur les sociétés de l'information*, Caen, C & F Éditions, 2005, http://www.vecam.org/article.php3?id_article=580&nemo=edm

Michel Briand, « la formation à l'animation des sites sous SPIP », http://www.i3c-asso.org/article.php3?id_article=365

Claire Brossaud, « La fracture numérique dans la cité : état des « lieux » de la recherche francophone », décembre 2005, http://www.vecam.org/article.php3?id_article=758

Bureau international du travail, *Tendances mondiales de l'emploi*, Notes techniques, Genève, 2004, http://www.ilo.org/public/french/bureau/inf/pr/2005/8tables.pdf

Bureau international du travail, *Les Indicateurs clés du marché du travail*, 4e édition, Genève, 2006.

C

Pierre Calame, *La Démocratie en miettes, pour une révolution de la gouvernance*, Paris, Descartes & Cie, 2003.

Pierre Calame, *Pour une gouvernance mondiale, efficace, légitime et démocratique*, Paris, Éditions Charles Léopold Mayer, 2003.

Kemly Camacho, « Fracture numérique », *in Enjeux de mots, regards multiculturels sur les sociétés de l'information*, Caen, C & F Éditions, 2005, http://www.vecam.org/article.php3?id_article=548&nemo=edm

Dominique Cardon et Fabien Granjon, « Peut-on se libérer des formes médiatiques ? le mouvement alter-mondialisation et l'Internet », *Mouvements*, n° 25, janvier-février 2003.

Manuel Castells, *La Société en réseau* (3 tomes), Paris, Fayard, 1998.

Manuel Castells, *La Galaxie Internet*, Paris, Fayard, 2001.

Annie Cheneau-Loquay (coord.), *Mondialisation et technologies de la communication en Afrique*, Paris, Karthala-MSHA, 2004, http://www.africanti.org/resultats/Livre_mondialisation%20et%20tic/ANNIE_INTRO.pdf

Terry Collins, Juliet Heller, « Nanotechnology and the Developing World », *Journal PLoS Medicine*, avril 2005, http://www.utoronto.ca/jcb/home/news_nano_dev_countries.htm

Commission européenne, « Vers un programme de promotion de la sécurité européenne par la recherche et la technologie », 2004, http://www.grip.org/bdg/pdf/g4126.pdf

« Cyberespace et citoyenneté », *Transversales Sciences & Culture*, avril 2006, http://grit-transversales.org/article.php3?id_article=93

« Cyberpolitique, cybercitoyens », *Le Monde*, dossier publié le 15 mars 2006,
http://www.lemonde.fr, http://abonnes.lemonde.fr/web/imprimer_element/0,40-0@2-3224,50-748874,0.html

D

« Démocratie et réseaux », *Séminaires et colloques*, CEVIPOF et France Télécom R & D, 2003.

« Démocratie locale et Internet », *Sciences de la société*, n° 60, octobre 2003.

Serge Depaquit, *Renouveler la démocratie : oui, mais comment ?* Analyses et propositions de l'Association pour la démocratie et l'éducation locale et sociale (Adels), 2005, http://www.adels.org/edition/renouveler_democratie.htm

Denis Duclos, « Qui a peur de Big Brother ? », *Le Monde diplomatique*, août 2004, http://www.monde-diplomatique.fr/2004/08/DUCLOS/11493

Florence Durand Tornare et François Mancebo, « L'accès public à Internet, une chance pour une reterritorialisation sociale », dans *Cités en réseaux, cahiers pratiques du développement numérique des territoires*, Paris, La Documentation française, 2002.

E

« Économie solidaire et TIC », *Terminal*, n° 91, printemps-été 2004.

« L'Empire des médias », *Le Monde diplomatique, Manière de voir*, n° 63, mai-juin 2002, http://www.monde-diplomatique.fr/mav/63/

ETC, « The Big Down : Technologies Converging at the Nanoscale », janvier 2003, www.etcgroup.org

ETC, « À la ferme : l'impact des nanotechnologies sur les aliments et l'agriculture », novembre 2004, www.etcgroup.org

F

Funredes, Observatoire de la diversité linguistique et culturelle sur Internet, http://funredes.org/francais/index.php3

G

John Kenneth Galbraith, *Les Mensonges de l'économie*, Paris, Grasset, 2004.

Aisha Ghaus-Pasha, *Le rôle des organisations de la société civile dans la gouvernance*, décembre 2004, http://unpan1.un.org/intradoc/groups/public/documents/un/unpan019594.pdf

Franck Ghitalla, Guilhem Fouetillou, *Le Web et le débat sur la constitution européenne en France*, Université de technologie de Compiègne, 2006, http://www.utc.fr/rtgi/index.php?rubrique=1&sous-rubrique =0&study=constitution

André Gorz, *Misères du présent, richesses du possible*, Paris, Galilée, 1997.

André Gorz, *L'immatériel*, Paris, Galilée, 2003.

André Gorz, *Métamorphoses du travail. Critique de la raison économique*, Paris, Gallimard, 2004.

« La gouvernance mondiale de l'Internet », compte rendu de la journée d'audition publique, n° 2891 pour l'Assemblée nationale, n° 219 pour le Sénat, février 2006, http://www.assemblee-nationale.fr/12/rap-off/i2891.asp

Fabien Granjon, *L'Internet militant : Mouvement social et usage des réseaux télématiques*, Rennes, Éditions Apogée, 2001.

Fabien Granjon, « Comptes de campagne », *netpolitique.net*, novembre 2001, http://www.netpolitique.net/php/interviews/interview16.php3

Fabien Granjon, « Mouvement anti-mondialisation et dispositifs de communication en réseaux », colloque 2001 Bogues, Globalisme et pluralisme, http://www.er.uqam.ca/nobel/gricis/even/bog2001/b2_pr_f.htm

H

Cees J. Hamelink, *The politics of world communication: a human rights perspective*, Londres, Sage, 1994.

Ben Hayes, *Arming Big Brother*, Transnational Institute, 2006, http://www.statewatch.org/news/2006/apr/bigbrother.pdf

Raymond Heitzmann, Fabrice Lenseigne et Patrice Roussel, « Mesure statistique de la société de l'information », dans Nicolas Curien, Pierre Alain Muet, *La société de l'information*, rapport du Conseil d'analyse économique, Paris, La Documentation française, 2004.

Tony Hill, "Three Generations of UN-Civil Society Relations: A Quick Sketch", UN-NGLS, mars 2004, *in* le Kit d'orientation pour le sommet mondial, élaboré par la CONGO, 2005, http://www.ngocongo.org/files/smis_kit_d_orientation.pdf

A.C. Husson-Traore, « Sociétés Internet en Chine : le législateur américain intervient », 1er mars 2006, http://www.novethic.fr/novethic/site/article/index.jsp?id=98416

I

Internet actu, lettre hebdomadaire, http://www.internetactu.net/

Alain d'Iribarne, « Pour une approche socioculturelle des autoroutes de l'information », dans Alain His, *Multimédia et communication à usage humain. Vers une maîtrise sociale des autoroutes de l'information*, Paris, Éditions Charles Léopold Mayer et *Transversales Sciences & Culture*, coll. « Dossier pour un débat » n°56, 1996.

Alain d'Iribarne, « Les technologies de l'information dans la cité : vie participative et citoyenneté », *Transversales Sciences & Culture*, n° 29, mai-juin 1996.

K

Kit d'orientation pour le sommet mondial, élaboré par la CONGO (organe de liaison des ONG auprès des Nations unies), 2005, http://www.ngocongo.org/files/smis_kit_d_orientation.pdf

L

Thomas Lamarche, Alain Rallet, Jean-Benoît Zimmermann, « Les technologies de l'information et de la communication comme réductrices ou amplificatrices des inégalités ? », *Terminal*, n° 95-96, printemps 2006, http://www.terminal.sgdg.org/articles/95_96/IntroFractureNum.html

Thomas Lamarche et Bruno Villalba, Dossier « Internet et politique », *Terminal*, n° 92, printemps 2005.

Alain Lefebvre, *Les Réseaux sociaux, pivot de l'Internet 2.0*, Paris, M2 Éditions, 2005.

David Leloup, « Big Brother prend du poids », *Agoravox*, 3 mai 2006, http://www.agoravox.fr/article.php3?id_article=9341

« Liberté d'expression sur Internet et responsabilité des entreprises », *Lettre temPS réels*, n° 90, http://www.temps-reels.net/

Lettre *L'Actualité des sciences*, http://www.futura-sciences.com/

Lettre de la Fondation Charles Léopold Mayer, http://www.fph.ch

Lettre de temPS réels
http://www.temps-reels.net/rubrique.php3?id_rubrique=6

Le Monde diplomatique, rubrique Technologies de la communication, http://www.monde-diplomatique.fr/index/sujet/technocomm

Pierre Levy, *Cyberdémocratie*, Paris, Odile Jacob, 2002.

M

Christian Marazzi, *La Place des chaussettes*, Paris, L'Éclat, 2001, http://www.lyber-eclat.net/lyber/marazzi/place_des_chaussettes.html

Armand Mattelart, « Bataille à l'Unesco sur la diversité culturelle », *Le Monde diplomatique*, octobre 2005, http://www.monde-diplomatique.fr/2005/10/MATTELART/12802

Dominique Méda, « Vivre le travail autrement », *Label France*, n° 38, janvier 2000,
http://www.diplomatie.gouv.fr/label_france/FRANCE/DOSSIER/2000/06travail.html

Dominique Méda, *Qu'est-ce que la richesse ?* Paris, Aubier, 1999.

Dominique Méda, *Le Travail, une valeur en voie de disparition*, Paris, Flammarion, 1998.

Pascal Ménoret, « Le cheikh, l'électeur et le SMS, logiques électorales et mobilisation islamiques en Arabie Saoudite », *oumma.com*, janvier 2006, http://oumma.com/article.php3?id_article=1870 et http://oumma.com/article.php3?id_article=1877

« Mobilités. net, Villes, transports, technologies face aux nouvelles technologies », colloque permanent, Paris, Fing, RATP, http://www.mobilites.net

N

« Nanotechnologies », *Transversales Sciences & Culture*, janvier 2006, http://grit-transversales.org/article.php3?id_article=80

« Nanosciences – Nanotechnologies », *Rapport sur la science et la technologie* (Académie des sciences), n° 18, avril 2004.

Nanoscience et Nanotechnologies : Opportunités et incertitudes, Royal Society et Royal Academy of Engineering, juillet 2004.

« Nanotechnologies, Premier inventaire public des produits relevant des nanotechnologies », *Bulletins électroniques*, 16 mars 2006, http://www.bulletins-electroniques.com/actualites/32696.htm

Netcraft, Rapport mensuel, mars 2005, http://www.itrmanager.com/article.php?oid=36898

David North, Bill Van Auken, « L'essor et la chute d'Howard Dean. Une leçon de choses sur la politique du Parti démocrate », *World Socialist Web Site*, 19 février 2004, www.wsws.org

Jean François Noubel, *Intelligence collective, la révolution invisible*, novembre 2004, http://www.thetransitioner.org/wikifr/tiki-index.php?page=La+révolution+invisible

O

Observatoire de la démocratie locale, Association pour la démocratie et l'éducation locale et sociale (Adels), http://www.adels.org/ressources/observatoire.htm

OCDE, *La nouvelle économie, mythe ou réalité*, rapport 2001, http://www.oecd.org/dataoecd/2/29/2380691.pdf

Orbicom, Observatoire de la société de l'information, http://www.orbicom.uqam.ca

P

René Passet, « L'émergence de l'immatériel », *Transversales Sciences & culture*, n° 45, http://perso.wanadoo.fr/marxiens/politic/revenus/passet.htm

René Passet, « Interview », *Actuchomage*, juillet 2005, http://www.actuchomage.org/modules.php?op=modload&name=PagEd&file=index&topic_id=10&page_id=178

René Passet, *L'Économique et le Vivant*, Paris, Payot, 1979.

René Passet, *Une Économie de rêve*, Paris, Calmann Levy, 1995.

René Passet, *L'Illusion néo-libérale*, Paris, Fayard, 2000.

Valérie Peugeot (coord.), *Réseaux humains, réseaux électroniques*, Paris, Éditions Charles Léopold Mayer, 2001.

Valérie Peugeot, « Petit instantané interrogatif à moins d'un an du sommet », contribution aux rencontres d'Autrans 2003, http://www.vecam.org/article.php3?id_article=166

Valérie Peugeot, *Relieurs*, 2004, http://www.vecam.org/article.php3?id_article=364

Francis Pisani, « Internet saisi par la folie des weblogs », *Le Monde diplomatique*, août 2003,
http://www.monde-diplomatique.fr/2003/08/PISANI/10301

PNUD, *Rapport sur le développement humain*, 2004,
http://hdr.undp.org/reports/global/2004

ProspecTIC 2010, Étude de la Fondation Internet nouvelle génération (FING), 2005,
http://www.fing.org/jsp/fiche_actualite.jsp?STNAV=&RUBNAV=&CODE=1132250678930&LANGUE=0&RH=ProspecTIC

Serge Proulx, André Vitalis (dir.), *Vers une citoyenneté simulée. Médias, réseaux et mondialisation*, Rennes, Éditions Apogée, 1999.

R

Marc Raboy, Normand Landry, *La Communication au cœur de la gouvernance mondiale, enjeux et perspectives de la société civile au SMSI*, Université de Montréal, Département de communication, 2004,
http://www.lrpc.umontreal.ca/smsirapport.pdf et annexes.

« Le renseignement américain en accusation », *Le Monde diplomatique*, 18 avril 2000,
http://www.monde-diplomatique.fr/dossiers/echelon/

Jeremy Rifkin, *La Fin du travail*, Paris, La Découverte, 1996.

Jeremy Rifkin, *L'Âge de l'accès : la révolution de la nouvelle économie*, Paris, Presses Pocket, 2002.

Philippe Rivière, « La toile de SPIP », *Le Monde diplomatique*, octobre 2003,
http://www.monde-diplomatique.fr/2003/10/RIVIERE/10470

Philippe Rivière, « Le renseignement américain en accusation, petits débats sur Échelon », *Le Monde diplomatique*, 18 avril 2000,
http://www.monde-diplomatique.fr/dossiers/echelon/

Howard Rheingold, *Smartmobs, the next social revolution*, Cambridge (Massachusetts), Perseus Books, 2003,
http://www.smartmobs.com/book/index.html

Traduit en français sous le titre, *Foules intelligentes*, Paris, M2 Éditions, 2005.

Roderick Rhodes, "The new governance: governing without government", *Political Studies*, vol. 44, 1996.

Jacques Robin, *Changer d'ère*, Paris, Le Seuil, 1989.

Joël de Rosnay, Carlo Revelli, *La Révolte du pronétariat. Des mass média aux média des masses*, Paris, Fayard, 2006,
http://www.agoravox.com/article.php3?id_article=581

Joël de Rosnay, *L'Homme symbiotique. Regards sur le troisième millénaire*, Paris, Le Seuil, 1995,
http://csiweb2.cite-sciences.fr/derosnay/articles/livjr.html

S

Adama Samassekou, « Le libre accès pour tous : une étape requise pour aller vers une société de la connaissance et des savoirs partagés », intervention dans le cadre de la 19e conférence internationale de CODATA, Berlin, novembre 2004,
http://www.wsis-si.org/CODATA/codata-samassekou-fr.pdf

Dan Schiller, « Télécommunication, les échecs d'une révolution », *Le Monde diplomatique*, juillet 2003,
http://www.monde-diplomatique.fr/2003/07/SCHILLER/10269

Jérôme Segal, *Le Zéro et le Un. Histoire de la notion scientifique d'information au XXe siècle*, Paris, Éditions Syllepse, 2003,
http://www.monde-diplomatique.fr/2004/07/LAPEYROUX/11458

Viviane Serfaty, « De la répulsion à la fascination : l'Internet et les représentations des NTIC », *ASP* (Université de Bordeaux II), n° 27-30, 2000, p. 231-24, http://www.chez.com/vserfaty/imaginaire1.html

Alexandre Serres, *Internet aujourd'hui*, URFIST Bretagne-Pays de la Loire, 2002,
http://www.uhb.fr/urfist/Supports/IntroInternet/InternetAujourdhui/InternetAujour-intro.htm

« Les sites des partis politiques en quête d'un nouveau souffle », *Journal du Net*, mai 2005, http://www.journaldunet.com/0505/050523bilanpartispo.shtml

« Société de l'information, Société du contrôle ? », 13e Colloque du CREIS-Terminal, Université Paris VII Jussieu, Paris, 30 juin-2 juillet 2004.

« Sommet mondial des villes et des pouvoirs locaux sur la société de l'information », Lyon, décembre 2003, www.cities-lyon.org

« Sommet mondial sur la société de l'information », *Les Papiers de Choike*, portail des sociétés civiles du Sud, http://wsispapers.choike.org/

SMS et Politique, Netsurf, la chronique SMS, http://www.textually.org/fr/archives/cat_sms_et_politique.htm

Jean-François Soupizet, *La Fracture numérique Nord-Sud*, Paris, Éditions Economica, 2004.

Marion Souzeau, « Les opposants au traité européen ont mieux utilisé Internet », *Le Monde*, 10 juillet 2005, http://www.lemonde.fr/web/article/0,1-0@2-3224,36-671222@51-656097,0.html

Bernard Stiegler, *De la misère symbolique*. Tome 2 *La « catastrophe » du sensible*, Paris, Galilée, 2005.

Roger Sue, *La Société contre elle-même*, Paris, Fayard, 2005.

T

« Technique, éthique, démocratie : notions et approche philosophique », *SOS Philo*, fiches techniques,
http://www.sosphilo.com/perspective/technique/tech-resp.htm
http://www.sosphilo.com/perspective/technique/extraits.htm#habermas

« Technocommunautés », *Sociétés*, vol. 1, n° 59, 1998.

Transversales Sciences & Culture, http://grit-transversales.org/

U

Unesco, *Observatoire de la société de l'information*, http://www.unesco.org/cgi-bin/webworld/portal_observatory/cgi/page.cgi?d=1

Unesco, *Language diversity on the Internet : an overview*, 2005, http://portal.unesco.org/ci/en/ev.php-URL_ID=20972&URL_DO=DO_TOPIC&URL_SECTION=201.html

Union internationale des télécommunications, "World Telecommunication Development Report", 2003, http://www.itu.int/ITU-D/ict/publications/wtdr_02

Union internationale des télécommunications, "Digital Access Inde: World's First Global ICT Ranking", http://www.itu.int/newsarchive/press_releases/2003/30.html

V

Mathieu Vallet, « Les blogs citoyens, acteurs de la vie locale », *place-publique.fr*, http://www.place-publique.fr/article641.html

Vecam, *Pouvoir savoir. Le développement face aux biens communs de l'information et à la propriété intellectuelle*, Caen, C & F Éditions, 2005, http://www.vecam.org/rubrique.php3?id_rubrique=97

Revue *Vivantinfo*, www.vivantinfo.com

Patrick Viveret, *Reconsidérer la richesse*, Rapport pour le secrétariat d'État à l'économie solidaire, Paris, La Documentation française, 2002.

Patrick Viveret, *Pourquoi ça ne va pas plus mal ?*, Paris, Fayard, 2005.

W

Dominique Wolton, *L'Autre Mondialisation*, Paris, Flammarion, 2003.

Sites et réseaux

Adullact, Association des développeurs et des utilisateurs de logiciels libres pour l'administration et les collectivités territoriales
http://www.adullact.org/

Africanti, observatoire de l'insertion et de l'impact des technologies de l'information et de la communication en Afrique
http://www.africanti.org/

Alliance internationale de journalistes
www.j-alliance.net

April, Association pour la promotion et la recherche en informatique libre
http://www.april.org/

Cités et gouvernements locaux unis
http://www.cities-localgovernments.org/uclg/index.asp?L=fr

Creative Commons
http://creativecommons.org/

CRIS, Campagne pour les droits à la communication dans la société de l'information
http://www.crisinfo.org/

Cryptome, diffusion des informations les plus spécialisées concernant le renseignement et les technologies de surveillance
http://cryptome.org/

Cybervote
http://www.cybervote.be/default.php?pTabs=home

E-démocratie locale, les réseaux au service de la participation citoyenne
http://www.e-democratielocale.info/index.php

Electronic Privacy Information Center (Centre de recherches sur la défense des libertés publiques et la protection de la vie privée)
http://www.epic.org/

ETC group
www.etcgroup.org

Fédération informatique et libertés (FIL)
Fédération d'associations, ONG et particuliers engagés dans la défense de la vie privée et de la liberté d'expression
http://www.vie-privee.org/

Fondation Internet nouvelle génération (FING)
http://www.fing.org/

Fondation sciences citoyennes
http://sciencescitoyennes.org/

Gapminder, données statistiques sur le développement
http://www.gapminder.org/

Infoguerre, sur le concept de guerre de l'information
http://www.infoguerre.com/index.php?menu=1

Interactions, Transformation Personnelle/Transformation Sociale
http://www.interactions-tpts.net

International Centre of Excellence for Local eDemocracy,
http://www.e-democracy.gov.uk/default.htm

IRG, Institut pour un nouveau débat sur la gouvernance
http://www.fph.ch/fr/actions.html?tx_fphfiches_pi1%5BactionId%5D=39&cHash=8e57b76fe4

PEKEA, réseau mondial pour un savoir politique et éthique sur les activités économiques
http://fr.pekea-fr.org/

Sciences et démocratie
www.sciences-et-democratie.net

Portail brésilien du logiciel libre
http://portal.softwarelivre.org/
http://www.lafarga.cat/xarxa/en/presentation

Souriez vous êtes filmés, vidéo surveillance et libertés individuelles
http://svef.free.fr/

StateWatch, base de données sur les dérives policières et militaires des États européens et de l'Union.
http://www.statewatch.org

Synapse, observatoire de la société de l'information en Pays de la Loire
http://www.synapse.paysdelaloire.fr/Observatoire/Veille+TIC/Synapse+participe/des+réseaux.htm

Telepolis, magazine sur les questions de surveillance (allemand et anglais), http://www.heise.de/tp/

The Transitioner
http://www.thetransitioner.org/

Villes Internet
http://www.villes-internet.net/

Vivagora, débat sur les questions scientifiques et technologiques
www.vivagora.org

World-Information.org (Centre d'information spécialisé dans l'intelligence culturelle), étudie les bouleversements globaux engendrés par le développement des nouvelles technologies
http://world-information.org/

De la même auteure

Véronique Kleck, « Combattre l'exclusion numérique pour une citoyenneté active », dans *L'Idiot du village mondial,* Paris, Éditions Charles Léopold Mayer, 2005.

Véronique Kleck, « Communication : pratiques antihégémoniques, droits et alternatives », dans *100 propositions du Forum social mondial,* Paris, Édition Charles Léopold Mayer, 2006,
http://www.vecam.org/article.php3?id_article=765

Véronique Kleck, « Villes et société de l'information », Document de réflexion élaboré pour l'Agence intergouvernementale de la Francophonie (AIF-INTIF) dans le cadre du Sommet mondial sur la société de l'information, 2004,
http://smsi.francophonie.org/IMG/pdf/villes-kleck.pdf

Véronique Kleck, « Visions du monde et société de l'information : vers un observatoire des sociétés de la connaissance », pour l'Agence universitaire francophone et l'INTIF (AUF-INTIF), 2004, http://grit.agence-revolutions.com/illustrations-6-sept02/obsTSV1.pdf et http://www.vecam.org/article.php3?id_article=314

Véronique Kleck et Valérie Peugeot, « Des outils pour la démocratie participative », *in Cités en réseaux, cahiers pratiques du développement numérique des territoires*, Paris, La Documentation française, 2002.

Véronique Kleck, « L'appropriation technique, enjeu pour une nouvelle citoyenneté », Intervention dans le cadre des rencontres mondiales de l'Internet citoyen, 2000, http://commposite.uqam.ca/videaz/docs/veklfr.html

Véronique Kleck (dir.), *Démocratie locale et usages de l'Internet*, Étude pour le ministère délégué à la ville, 1999, http://viroflay.free.fr/textes/democratie_locale.htm

Table des matières

Avant-propos 11

Préface 15

Introduction 19

Première partie : Le changement d'ère 21

1. Changer de regard 25
   - Révolution ou simple évolution 25
   - Représentations, discours et fantasmes 28
2. L'Internet… et sa disparition 33
   - L'ordinateur omniprésent 34
   - La disparition de l'Internet 38
   - La grande transformation du contenu 41
3. La mutation économique et sociale 49
   - Mécanisation, croissance et emploi 49
   - Repenser le travail 55
   - Le retour du politique 58
4. Nanotechnologies et fabrication du vivant 63
   - Information et in-formation 63
   - La révolution du vivant 66
   - Le small BANG 70
   - Nos sociétés face aux nanotechnologies 72
5. Les défis de la révolution informationnelle 75
   - Fracture et inégalités 76
   - Nouveaux modèles économiques, propriété intellectuelle 82
   - Liberté, sécurité et vie privée 89
   - Droits, diversité, culture et déconnexion 95

Deuxième partie : Le renouveau du politique 97

6. La réappropriation du politique 101
   - Un nouveau rapport au pouvoir 101
   - La participation : l'apprentissage par le net 106
   - De nouveaux médias 110
7. Nouveaux outils, nouvelles pratiques politiques 117

La variété du net : sites, blogs, wiki... 118
Mobilité, SMS et communication 123
Les réseaux sociaux, des valeurs émergentes 124
Comportements politiques émergents 130
Pratiques numériques des pouvoirs en place 132
Et maintenant... 139
Mouvements sociaux, militants et réseaux citoyens 141

8. La transfiguration du politique 149

La recherche d'une nouvelle gouvernance 149
La mutation politique 156

9. Villes et territoires, laboratoires d'une nouvelle gouvernance 161

Les villes à l'ère numérique : une légitimité renforcée 162
Réseaux numériques et démocratie locale : des expériences innovantes 166
L'analyse du changement : nouvelle conception du pouvoir et du rôle de l'élu 172
Des laboratoires locaux 176

10. Nouveaux mouvements sociaux 179

Une société civile mondiale... émergente et virtuelle 179
Revendications et propositions alternatives des mouvements sociaux 182
Nouveaux acteurs 186
Le Sommet mondial sur la société de l'information (SMSI) 188
L'organisation de la société civile : un défi relevé ! 190

Conclusion 199

Annexes 203

Annexe 1 : Appel fondateur de l'association VECAM – Chances et risques pour la citoyenneté et le lien social 205

Annexe 2 : Déclaration fondatrice de VECAM Multimédia : les voies d'une maîtrise sociale, février 1995 211

Annexe 3 : Manifeste de VECAM 217

Bibliographie et sources 221

Sites et réseaux 235

De la même auteure 237

ÉDITIONS Charles Léopold Mayer

La collection des « Dossiers pour un débat »

déjà parus :

DD 3. **Inventions, innovations, transferts** : des chercheurs mènent l'enquête, coordonné par Monique Peyrière, 1989.

DD 5. **Coopérants, volontaires et avatars du modèle missionnaire,** coordonné par François Greslou, 1991.

DD 6. **Les chemins de la paix** : dix défis pour passer de la guerre à la paix et à la démocratie en Éthiopie. L'apport de l'expérience d'autres pays, 1991.

DD 12. **Le paysan, l'expert et la nature**, Pierre de Zutter, 1992.

DD 15. **La réhabilitation des quartiers dégradés** : leçons de l'expérience internationale, 1992.

DD 17. **Le capital au risque de la solidarité** : une épargne collective pour la création d'entreprises employant des jeunes et des chômeurs de longue durée, coordonné par Michel Borel, Pascal Percq, Bertrand Verfaillie et Régis Verley, 1993.

DD 20. **Stratégies énergétiques pour un développement durable**, Benjamin Dessus, 1993.

DD 21. **La conversion des industries d'armement**, ou comment réaliser la prophétie de l'épée et de la charrue, Richard Pétris, 1993.

DD 22. **L'argent, la puissance et l'amour** : réflexions sur quelques valeurs occidentales, François Fourquet, 1993.

DD 25. **Des paysans qui ont osé** : histoire des mutations de l'agriculture dans une France en modernisation – la révolution silencieuse des années 1950, 1993.

DD 28. **L'agriculture paysanne** : des pratiques aux enjeux de société, 1994.

DD 30. **Biodiversité, le fruit convoité** ; l'accès aux ressources génétiques végétales : un enjeu de développement, 1994.

DD 31. **La chance des quartiers**, récits et témoignages d'acteurs du changement social en milieu urbain, présentés par Yves Pedrazzini, Pierre Rossel et Michel Bassand, 1994.

DD 34. **Cultures entre elles : dynamique ou dynamite ?** Vivre en paix dans un monde de diversité, sous la direction de Édith Sizoo et Thierry Verhelst, 1994 (2e édition 2002).

DD 35. **Des histoires, des savoirs, des hommes : l'expérience est un capital** ; réflexion sur la capitalisation d'expérience, Pierre de Zutter, 1994.

DD 38. **Citadelles de sucre** ; l'utilisation industrielle de la canne à sucre au Brésil et en Inde ; réflexion sur les difficultés des politiques publiques de valorisation de la biomasse, Pierre Audinet, 1994.

DD 42. **L'État inachevé** ; les racines de la violence : le cas de la Colombie, Fernán Gonzalez et Fabio Zambrano, traduit et adapté par Pierre-Yves Guihéneuf, 1995.

DD 43. **Savoirs populaires et développement rural** ; quand des communautés d'agriculteurs et des monastères bouddhistes proposent une alternative aux modèles productivistes : l'expérience de Third en Thaïlande, sous la direction de Seri Phongphit, 1995.

DD 44. **La conquête de l'eau**; du recueil à l'usage: comment les sociétés s'approprient l'eau et la partagent, synthèse réalisée par Jean-Paul Gandin, 1995.

DD 45. **Démocratie, passions et frontières**: réinventer l'échelle du politique, Patrick Viveret, 1995

DD 46. **Regarde comment tu me regardes** (techniques d'animation sociale en vidéo), Yves Langlois, 1995.

DD 48. **Cigales**: des clubs locaux d'épargnants solidaires pour investir autrement, Pascale Dominique Russo et Régis Verley, 1995.

DD 49. **Former pour transformer** (méthodologie d'une démarche de développement multidisciplinaire en Équateur), Anne-Marie Masse-Raimbault et Pierre-Yves Guihéneuf, 1996.

DD 51. **De la santé animale au développement de l'homme**: leçons de l'expérience de Vétérinaires sans frontières, Jo Dasnière et Michel Bouy, 1996.

DD 52. **Cultiver l'Europe**: éléments de réflexion sur l'avenir de la politique agricole en Europe, Groupe de Bruges, coordonné par Pierre-Yves Guihéneuf, 1996.

DD 53. **Entre le marché et les besoins des hommes**; agriculture et sécurité alimentaire mondiale: quelques éléments sur les débats actuels, Pierre-Yves Guihéneuf et Edgard Pisani, 1996.

DD 54. **Quand l'argent relie les hommes**: l'expérience de la NEF (Nouvelle économie fraternelle) Sophie Pillods, 1996.

DD 56. **Multimédia et communication à usage humain**; vers une maîtrise sociale des autoroutes de l'information (matériaux pour un débat), coordonné par Alain Ihis, 1996.

DD 57. **Des machines pour les autres**; entre le Nord et le Sud: le mouvement des technologies appropriées, Michèle Odeyé-Finzi, Thierry Bérot-Inard, 1996.

DD 59. **Non-violence: éthique et politique** (MAN, Mouvement pour une alternative non violente), 1996.

DD 62. **Habitat créatif: éloge des faiseurs de ville**; habitants et architectes d'Amérique latine et d'Europe, textes présentés par Y. Pedrazzini, J.-C. Bolay et M. Bassand, 1996.

DD 63. **Algérie: tisser la paix**: huit défis pour demain; Mémoire de la rencontre « Algérie demain » à Montpellier, 1996.

DD 67. **Quand l'Afrique posera ses conditions**; négocier la coopération internationale: le cas de la Vallée du fleuve Sénégal, mémoires des journées d'étude de mars 1994 organisées par la Cimade, 1996.

DD 68. **À la recherche du citoyen perdu**: un combat politique contre la pauvreté et pour la dignité des relations Nord-Sud, Dix ans de campagne de l'association Survie, 1997.

DD 69. **Le bonheur est dans le pré...**: plaidoyer pour une agriculture solidaire, économe et productive, Jean-Alain Rhessy, 1996.

DD 70. **Une pédagogie de l'eau**: quand des jeunes des deux rives de la Méditerranée se rencontrent pour apprendre autrement, Marie-Joséphine Grojean, 1997.

DD 72. **Le défi alimentaire mondial**: des enjeux marchands à la gestion du bien public, Jean-Marie Brun, 1996.

DD 73. **L'usufruit de la terre**: courants spirituels et culturels face aux défis de la sauvegarde de la planète, coordonné par Jean-Pierre Ribaut et Marie-José Del Rey, 1997.

DD 74. **Organisations paysannes et indigènes en Amérique latine**: mutations et recompositions vers le troisième millénaire, Ethel del Pozo, 1997.

DD 76. **Les médias face à la drogue**: un débat organisé par l'Observatoire géopolitique des drogues, 1997.

DD 77. **L'honneur des pauvres**: valeurs et stratégies des populations dominées à l'heure de la mondialisation, Noël Cannat, 1997.

DD 79. **Paroles d'urgence**; de l'intervention-catastrophe à la prévention et au développement: l'expérience d'Action d'urgence internationale, Tom Roberts, 1997.

DD 80. **Le temps choisi**: un nouvel art de vivre pour partager le travail autrement, François Plassard, 1997.

DD 81. **La faim cachée**: une réflexion critique sur l'aide alimentaire en France, Christophe Rymarsky, Marie-Cécile Thirion, 1997.

DD 82. **Quand les habitants gèrent vraiment leur ville**; le budget participatif: l'expérience de Porto Alegre au Brésil, Tarso Genro, Ubiratan de Souza, 1998.

DD 84. **Vers une écologie industrielle**: comment mettre en pratique le développement durable dans une société hyperindustrielle, Suren Erkman, 1998.

DD 85. **La plume partagée**; des ateliers d'écriture pour adultes: expériences vécues, François Fairon, 1998.

DD 86. **Désenclaver l'école**; initiatives éducatives pour un monde responsable et solidaire, sous la direction de Christophe Derenne, Anne-Françoise Gailly, Jacques Liesenborghs, 1998.

DD 88. **Campagnes en mouvement: un siècle d'organisations paysannes en France**, coordonné par Médard Lebot et Denis Pesche, 1998.

DD 89. **Préserver les sols, source de vie**; proposition d'une «Convention sur l'utilisation durable des sols», projet Tutzing «Écologie du temps», 1998.

DD 90. **Après les feux de paille**; politiques de sécurité alimentaire dans les pays du Sud et mondialisation, Joseph Rocher, 1998

DD 91. **Le piège transgénique**; les mécanismes de décision concernant les organismes génétiquement modifiés sont-ils adaptés et démocratiques?, Arnaud Trollé, 1998.

DD 92. **Des sols et des hommes**; récits authentiques de gestion de la ressource sol, Rabah Lahmar, 1998.

DD 93. **Des goûts et des valeurs**; ce qui préoccupe les habitants de la planète, enquête sur l'unité et la diversité culturelle, Georges Levesque, 1999.

DD 94. **Les défis de la petite entreprise en Afrique**; pour une politique globale d'appui à l'initiative économique: des professionnels africains proposent, Catherine Chaze et Félicité Traoré, 2000.

DD 95. **Pratiques de médiation**; écoles, quartiers, familles, justice: une voie pour gérer les conflits, Non-Violence Actualité, 2000.

DD. 96. **Pour un commerce équitable**; expériences et propositions pour un renouvellement des pratiques commerciales entre les pays du Nord et ceux du Sud, Ritimo, Solagral, 1998.

DD 97. **L'eau et la vie**; enjeux, perspectives et visions interculturelles, Marie-France Caïs, Marie-José Del Rey et Jean-Pierre Ribaut, 1999.

DD 98. **Banquiers du futur**; les nouveaux instruments financiers de l'économie sociale en Europe, Benoît Granger/Inaise, 1998.

DD 99. **Insertion et droit à l'identité**; l'expérience d'accompagnement des chômeurs par l'association ALICE, Pascale Dominique Russo, 2000.

DD 100. **Une ville par tous**; nouveaux savoirs et nouveaux métiers urbains; l'expérience de Fortaleza au Brésil, Robert Cabanes, 2000.

DD 101. **Chine et Occident: une relation à réinventer**; parcours historique et leçons de quelques rencontres récentes dans le cadre de l'Alliance pour un monde responsable et solidaire, Yu Shuo, avec la collaboration de Sabine Jourdain, Christoph Eberhard et Sylvie Gracia (photographies de Alain Kernévez), 2000.

DD 102. **Solidarités nouvelles face au chômage**; tisser des liens pour trouver un emploi: récit d'une expérience citoyenne, Sophie Pillods, 1999.

DD 104. **Ce que les mots ne disent pas**; quelques pistes pour réduire les malentendus interculturels: la singulière expérience des traductions de la Plate-forme de l'Alliance pour un monde responsable et solidaire, Édith Sizoo, 2000.

DD 105. **Savoirs du Sud: connaissances scientifiques et pratiques sociales: ce que nous devons aux pays du Sud**, coordonné par le Réseau Réciprocité des Relations Nord-Sud, 1999.

DD 106. **Oser créer: créer des entreprises pour créer des emplois**, Benoît Granger/Synergies, 2000.

DD 107. **Se former à l'interculturel**; expériences et propositions, Odile Albert/CDTM, 2000.

DD 108. **Sciences et démocratie: le couple impossible?**; le rôle de la recherche dans les sociétés capitalistes depuis la Seconde Guerre mondiale: réflexion sur la maîtrise des savoirs, Jacques Mirenowicz, 2000.

DD 109. **Conquérir le travail, libérer le temps**; dépasser les frontières pour réussir les 35 heures, Bernard Husson/CIEDEL, 2000.

DD 110. **Banques et cohésion sociale**; pour un financement de l'économie à l'échelle humaine: la faillite des banques, les réponses des citoyens, Inaise, 2000.

DD 111. **L'arbre et la forêt: du symbolisme culturel... à l'agonie programmée?**, Élisabeth Bourguinat et Jean-Pierre Ribaut, 2000.

DD 112. **Le dialogue des savoirs**; les réseaux associatifs, outils de croisements entre la science et la vie, Georges Thill, avec la collaboration de Alfred Brochard, 2001.

DD 113. **Financer l'agriculture**; quels systèmes bancaires pour quelles agricultures?, André Neveu, 2001.

DD 114. **Agricultures d'Europe: la voie suisse**, REDD avec la collaboration de Bertrand Verfaillie, 2001.

DD 115. **Le droit autrement**; nouvelles pratiques juridiques et pistes pour adapter le droit aux réalités locales contemporaines, Pascale Vincent, Olivier Longin/Ciedel, 2001.

DD 116. **Sols et sociétés**; regards pluriculturels, Rabah Lahmar et Jean-Pierre Ribaut, 2001

DD 117. **Réseaux humains, réseaux électroniques**; de nouveaux espaces pour l'action collective, dossier coordonné par Valérie Peugeot, Vecam, 2001.

DD 118. **Gouverner les villes avec leurs habitants**; de Caracas à Dakar: dix ans d'expériences pour favoriser le dialogue démocratique dans la cité, Catherine Foret, 2001.

DD 119. **Quelle paix pour le nouveau siècle?**, Maison des citoyens du monde/Bernard Vrignon et Agnès Chek, 2001

DD 120. **De la galère à l'entreprise**; pour de nouvelles formes de financement solidaire: l'expérience de France Active, Claude Alphandéry, 2002.

DD 121. **Finances solidaires**; guide à l'usage des collectivités territoriales, Finansol/Éficea, dossier coordonné par E. Antoniolli, P. Grosso, J. Fournial et C. Rollinde, 2002.

DD 122. **Quand l'entreprise apprend à vivre**; une expérience inspirée du compagnonnage dans un réseau d'entreprises alternatives et solidaires, Béatrice Barras, Marc Bourgeois, Élisabeth Bourguinat et Michel Lulek, avec la collaboration de Christophe Beau et Étienne Frommelt, 2002.

DD 123. **Commerce international et développement durable**; voix africaines et plurielles, CITSD, dossier coordonné par Ricardo Meléndez et Christophe Bellmann, 2002.

DD 124. **Les citoyens peuvent-ils changer l'économie?**, collectif « Engagements citoyens dans l'économie »; actes du colloque tenu à Paris le 24 mars 2002, 2003.

DD 125. **Voyager autrement**; vers un tourisme responsable et solidaire, coordonné par Boris Martin, 2003.

DD essai 126. **Mission possible**; penser l'avenir de la planète, Pierre Calame, réédition 2003.

DD 127. **Apprivoiser le temps**; approche plurielle sur le temps et le développement durable, Fondation pour les générations futures, Joël Van Cauter et Nicolas de Rauglaudre, 2003.

DD essai 128. **La Licorne et le Dragon**; les malentendus dans la recherche de l'universel, sous la direction de Yue Daiyun et Alain Le Pichon, avec les contributions d'Umberto Eco, Tang Yijie, Alain Rey, Jacques Le Goff, Wang Meng..., 2003.

DD 129. **Lettre ouverte à ceux qui veulent rendre leur argent intelligent et solidaire**, Jean-Paul Vigier, 2003.

DD 130 essai. **Par-delà le féminisme**, Édith Sizoo, 2003.

DD 131 essai. **Dans les courées de Calcutta; un développement à l'indienne**, Gaston Dayanand, préface de Noël Cannat, 2003.

DD 132. **Des animaux pour quoi faire?** Approches interculturelles, interreligieuses, interdisciplinaires, Élisabeth Bourguinat et Jean-Pierre Ribaut, 2003.

DD 133 essai. **Politiques de santé et attentes des patients**; vers un dialogue constructif, Bruno Dujardin, 2003.

DD 134. **Approches spirituelles de l'écologie**, coordonné par Frédéric Piguet, 2004.

DD 135 essai. **L'aide publique au développement, un outil à réinventer**, Guillaume Olivier, avec la contribution de Saïdou Sidibé, 2004.

DD 136. **Itinéraires vers le 21e siècle**; récits de témoins engagés lors de l'Assemblée mondiale de citoyens, Lille 2001, textes de F. Fairon, photos de F. Noy, 2003.

DD 137 essai. **Vers une écologie industrielle**; comment mettre en pratique le développement durable dans une société hyper-industrialisée, Suren Erkman, 2004.

DD 138 essai. **La maison-monde : *Libres leçons de Braudel*,** François-Xavier Verschave, 2005.

DD 139 collectif. **Les ONG dans la tempête mondiale**; nouveaux débats, nouveaux chantiers pour un monde solidaire, sous la direction de Coordination SUD, 2004.

DD 140 collectif. **L'idiot du village mondial**; Les citoyens de la planète face à l'explosion des outils de communication: subir ou maîtriser, sous la direction de Michel Sauquet, coédition Luc Pire (Belgique), 2004.

DD 141. **Pratiques d'éducation non violente**; nouveaux apprentissages pour mettre la violence hors-jeu, sous la direction de Bernadette Bayada et Guy Boubault, 2004.

DD 142 collectif. **La santé mondiale, entre racket et bien public**, Association Biens publics à l'échelle mondiale, coordonné par François-Xavier Verschave, 2004.

DD 143 collectif. **La consommation assassine**; comment le mode de vie des uns ruine celui des autres, pistes pour une consommation responsable, *State of the World 2004* du Worldwatch Institute, traduit de l'anglais (États-Unis) et adapté par Mohamed Larbi Bouguerra, 2005.

DD 144 essai. **Le tiers-monde n'est pas dans l'impasse**, Pierre Judet, 2005.

DD 145. **Le capital mémoire**; identifier, analyser et valoriser un capital d'expériences, Sylvie Robert, 2005.

DD 146. **Volontaires en ONG : l'aventure ambiguë**, Amina Yala, 2005.

DD 147 essai. **Transport maritime : danger public et bien mondial**, François Lille, Raphaël Baumler, 2005.

DD 148 collectif. **Les télécommunications, entre bien public et marchandise,** BPEM et CSDPTT, 2005.

DD 149 essai. **L'appétit du futur**, Jacques de Courson, 2005.

DD 150 essai. **Après l'Amérique, un monde nouveau**; les défis et les institutions de la Communauté mondiale, Olivier Giscard d'Estaing, 2005.

DD 151 collectif. **100 propositions du Forum social mondial**, 2006.

DD 152 essai. **Dauchez l'Africain, maître et comédien**, Pierre Chambert, Philippe Daucher, 2006.

DD 153 essai. **Parier pour la paix**, général Jean Cot, 2006.

DD 154 essai. **La société civile**, Jeanne Planche, 2006.

DD 155 essai. **L'information responsable**, Jean-Luc Martin-Lagardette, 2006.

DD 156 collectif. **Responsabilité sociale et environnementale : l'engagement des acteurs économiques**; mode d'emploi pour plus d'éthique et de développement durable, coordonné par Vincent Commenne, 2006.

DD 157. **Vingt ans d'initiatives économiques au Sud : bilan et perspectives,** Renée Chao-Béroff, avec la collaboration d'Élisabeth Bourguinat, 2006.

La Fondation Charles Léopold Mayer pour le progrès de l'Homme (www.fph.ch) est une fondation indépendante de droit suisse créée en 1982. Les revenus annuels du patrimoine légué par son fondateur Charles Léopold Mayer sont mobilisés pour contribuer à l'émergence d'une communauté mondiale et au développement de nouvelles pratiques citoyennes susceptibles de répondre aux grands défis de ce début de siècle. Trois de ces défis sont plus particulièrement au cœur des actions qu'elle mène et soutient avec des partenaires du monde entier: celui de *systèmes de gouvernance* à repenser et à réformer, du niveau local au niveau mondial; celui d'une *éthique* toujours à construire, qui concerne non seulement les droits mais aussi les responsabilités des êtres humains et s'applique à tous les milieux (scientifiques, économiques, académiques, médiatiques...); enfin celui d'une *nouvelle vision de l'économie*, visant au renouvellement des modes de production, de consommation et d'échange. Les modes d'action de la Fondation sont diversifiés: *promouvoir des idées et des propositions* (par l'édition, la mise en débat d'une charte des Responsabilités humaines, l'alimentation de sites ressources Internet, l'organisation de rencontres internationales, etc.); appuyer l'émergence d'*alliances citoyennes internationales* (alliances d'habitants, d'organisations rurales, d'ONG, de juristes, de chercheurs...); enfin promouvoir des *méthodes d'échange, de réflexion collective* et de structuration de l'information.

Les Éditions Charles Léopold Mayer (www.eclm.fr) sont constituées depuis 1995 sous la forme d'une association à but non lucratif (loi 1901). Elles éditent des livres de témoignages, d'analyse et de propositions sur les nouvelles démarches et les nouvelles actions citoyennes qui se développent aujourd'hui tant au niveau local qu'à celui d'une société mondialisée en quête d'alternatives et d'idées. Le soutien de la Fondation Charles Léopold Mayer leur permet de tenter de jouer un rôle pionnier dans des domaines encore peu connus mais susceptibles de le devenir, comme ce fut le cas, il y a une dizaine d'années, lorsque les Éditions ont entrepris de publier sur le commerce équitable, la gestion municipale participative, l'économie solidaire, les réseaux paysans au Sud, etc. Environ 500 ouvrages ont été publiés depuis la création des éditions, essais, « dossiers pour un débat », « cahiers de propositions », etc., dont la moitié sont encore au catalogue aujourd'hui. Ils sont distribués en librairie. En outre, ils sont téléchargeables librement. Certains livres, enfin, sont coédités avec des éditeurs francophones des pays du Sud, dans le cadre de *l'Alliance des éditeurs indépendants pour une autre mondialisation* (www.alliance-editeurs.fr) dont les Éditions Charles Léopold Mayer sont membre.

Vous pouvez vous procurer les ouvrages des Éditions Charles Léopold Mayer en librairie.

Notre catalogue comprend environ 300 titres sur les thèmes suivants :

Économie, solidarité, emploi
Gouvernance
Relations sciences et société
Agricultures et organisations paysannes
Dialogue interculturel
Communication citoyenne
Construction de la paix
Écologie, environnement
Prospective, valeurs, mondialisation
Histoires de vie
Méthodologies pour l'action

Pour obtenir le catalogue des Éditions Charles Léopold Mayer, envoyez vos coordonnées par e-mail à diffusion@eclm.fr ou par courrier à :

Éditions Charles Léopold Mayer
38 rue Saint-Sabin
75011 Paris (France)

Achevé d'imprimer en janvier 2007
sur les presses de la Nouvelle Imprimerie Laballery – 58500 Clamecy
Dépôt légal : janvier 2007 Numéro d'impression : 612076

Imprimé en France